AF617802

Raíces y ramas de América Latina

COLECCIÓN DE ENSAYO

La Huerta Grande

Miguel Laborde

Raíces y ramas de América Latina

La Huerta Grande
2025

Madrid, septiembre 2025

EDITA: La Huerta Grande Editorial

Serrano, 6. 28001 Madrid

www.lahuertagrande.com

ISBN: 978-84-18657-79-5

D. L.: M-15002-2025

Diseño cubierta: Editorial La Huerta Grande según idea original de Tresbien Comunicación

Imprime: Gracel Asociados, C. Valgrande, 15. 28108 Alcobendas, Madrid

Impreso en España/*Printed in Spain*

ÍNDICE

Raíces y ramas de América Latina

A Santiago Elordi, sin cuyo entusiasmo
este libro no habría visto la luz

PRÓLOGO

Esta golosina fragante que, a modo de ensayo, nos regala Miguel Laborde podría muy bien llevar por título *Amor América (2025)*. Comparte con Neruda nacionalidad y sentimiento, aunque no todas las intenciones. De principio a fin se trata de una prueba de amor por lo americano que, como los amores profundos, lúcidos, sinceros, por simpatía se contagia a quien se acerque. Una y muchas, la América que reverbera en las palabras de Miguel no constituyó nunca un territorio idílico, ni tampoco un infierno perenne. Si se sintió periférica en los destinos del mundo, fue por ignorancia de sí misma, no por falta de procesos históricos que ilustren lo contrario. También América ha sido centro y lo es, aunque la historia geométrica, de escuadra y cartabón, tangentes y secantes, no nos produce más que indiferencia y hastío. La centralidad y la periferia son solo puntos de vista que varían con la experiencia.

La América antigua únicamente fue deficitaria en ganado mayor, pero esta circunstancia no estaba en la voluntad humana y aguzó el ingenio. El resto de animales domesticable comió de la mano del Hombre. La civilización —es decir, la compleja vida urbana que ahorma el vigor de la naturaleza y la desconfianza social— aparece en tierras americanas cuando en Egipto se yergue Luxor y brilla en Sumeria las ciudades de Ur o Lagash. En Perú, a unos 180 km al norte de Lima, la ciudad sagrada de Caral-Supe, con sus calles, canales, pirámides y los más de 5000 años de antigüedad, ejemplifica tanto la grandeza de la imaginación humana como sus límites. Lo que hacen en el valle del Indo, a orillas del Tigris o en el delta del Nilo no difiere en exceso de lo que se diseña a pie de los Andes: las ciudades son mapas del cielo. Tampoco faltaron héroes civilizadores de carne y hueso, como el Sapa Inca Pachacútec —*«El transformador del mundo»*—, hijo de Huiracocha y de la Coya Mama Runto: «el más grande hombre que la raza aborigen de América haya producido», afirma Clements R. Markham, explorador y geógrafo inglés enamorado del Perú en la segunda mitad del siglo XIX. Otros eruditos consideraron a Pachacútec un Carlomagno americano, en un afán comparativo que enturbia lo claro. ¿Por qué empeñarnos en comparar lo incomparable? Tal vez porque desde algunas partes del orbe seguimos sin querer comprender a los demás, sentirlos en lo que tienen de auténticos.

Llegan los españoles y América, más que descubrirse, se inventa. No era una tierra nueva, ni sencilla, ni por hacer, ni incompleta. Había religiones complejas, lenguas sutiles, ideas trascendentes, conocimientos certeros y sistemáticos, leyes que se acatan y no se cumplen; existían el amor de los padres y la sevicia del poder, la guerra florida y la paz de los sacrificios. Pero los Conquistadores no vienen solos. Sin tomar conciencia, traen su mejor arma —involuntaria, vertiginosamente mortal—: los virus y bacterias que también descubrieron y (des)poblaron América. El intercambio biológico fue el paraíso de la enfermedad y la muerte masiva. Finalmente, gracias al fierro y al déficit inmunitario, ganaron los europeos, en su mayoría castellanos, pero también naturales de Aragón, de Portugal, de Italia, flamencos, alemanes… Porque hubo vencedores y vencidos, cada cual con su visión de la gloria o el hundimiento. Los pactos no disolvieron el dominio, solo lo atemperaron. Y sin embargo no hay vuelta atrás: lo ibérico es para nosotros —americanos de hoy— tan consustancial a nuestra América como la puerta de Tiwanaku o los túmulos calusa.

No existe *tabula rasa* en las dinámicas sociales, ni pureza sin tacha. América ya era mestiza cuando europeos y africanos llegan a sus costas a fines del Cuatrocientos. Pero durante los tres siglos siguientes este mestizaje se abigarra y fragua en el Barroco. Miguel Laborde no encara como un refugio el mestizaje de tantos pueblos en el crisol americano. Este librito, tan lleno de buenos sentimientos —en el buen sentido de la palabra—, no es sin embargo una obra lacrimógena, ni busca muros defensivos que salven la identidad amerindia, ibérica, africana o las influencias de Francia o Inglaterra en el XIX. Más bien quiere ser un manifiesto por la No elección. Para sentirse digna, América no tiene que renunciar a ninguna de sus sangres ni culturas: todas están en ella, hasta la árabe desde comienzos del XX.

Las páginas de Laborde van alcanzando su clímax con la llegada a Europa de los jesuitas expulsos de los Reinos de Indias. Para el público español, si logra apartar esa actitud umbilical tan suya, serán, por desconocidos, los capítulos más fructíferos. El abate Juan Ignacio Molina, exiliado en Italia y referencia para Darwin. Benjamín Vicuña Mackenna, viajero por Estados Unidos y Europa al hallazgo de todo lo útil para América; que tiene en poco a España por ser nación que —a diferencia de Inglaterra— no supo beneficiarse de las riquezas americanas, y que cifra la barbarie de la América decimonónica en sus poblaciones indígenas. El Tercer Descubrimiento de América —si no el Cuarto o el Quinto— del Grupo de los X, con Pedro Prado al frente y su «criollismo cósmico»: «Hay una patria territorial y una espiritual, la territorial los pueblos latinoamericanos la tienen lograda: fáltales la segunda», dice Prado en su novela *Alsino*. Es preciso enmendar esa falta y para ello se recurre a la indagación mediante la poesía y el viaje. Neruda, en su *Canto general*, recrea un *Génesis* americano, pero es odiador de Europa. Mientras Hitler invade Polonia y Europa se desangra, la Sagrada Hermandad de la Orquídea recorre América para hacerla suya en un viaje geopoético. Uno de sus hermanos, el brasileño Abdías do Nascimento, va descubriendo la excelsa negritud del Continente y abandera la defensa de los afroamericanos olvidados. Violeta Parra, mestiza de todo mestizaje, resume finalmente el propósito de *No renuncia* que nos plantea Miguel Laborde: «el canto de todos, es mi propio canto».

¿Quién de nosotros, con el corazón en la mano, no encontrará razones para querer a América —sus tierras, sus gentes— cuando se despida de este libro?

Sergio Manuel Rodríguez Lorenzo

1

AMÉRICA LATINA, EMOCIONES DESNUDAS

En este siglo ha crecido el movimiento que interpela a las antiguas potencias imperiales, en pos de su «descolonización». Museos y universidades han comenzado a revisar sus colecciones y a programar exposiciones con la intención de hacer visibles las voces «otras», en especial de África y América Latina.

En la India se inició un proceso diferente, de «estudios subalternos», necesarios porque «los otros», los antiguos colonizados, también necesitamos descolonizar nuestras cabezas. Después de todo, la mayoría crecimos con Atenas y Esparta antes que con Tenochtitlán y el Cusco, con Julio César y Aníbal y no con Pachacútec o Moctezuma.

Desorientados, no hemos sabido explicarnos nuestra historia. Como bien dijo Gabriel García Márquez al recibir el Premio Nobel, «el desafío mayor para nosotros ha sido la insuficiencia de los recursos convencionales para hacer creíble nuestra vida». Sanjay Subrahmanyam, uno de esos historiadores de la India

(Nueva Delhi, 1961), se hizo una pregunta que fue el título de uno de sus libros: ¿Deberíamos universalizar la historia? A propósito de las «derivas nacionalistas e identitarias» del mundo occidental del presente, cabe citar otra de sus preguntas: «¿Debería uno movilizar el pasado sobre todo como recurso para la solidaridad dentro de una comunidad, subrayando lo mucho que "nosotros" tenemos en común, y lo poco que tenemos en común con nuestros "otros"?». Agrega algo que escribiera Jorge Luis Borges, en su relato «Funes, el memorioso»: «pensar es olvidar diferencias, es generalizar, abstraer».

Estamos en medio, entra la tarea de hacer una historia nuestra o, a diferencia de los historiadores eurocéntricos, intentar una generalista. Pero el reto intelectual no es fácil; vivimos mundos parcelados, y apenas podemos decir algo del que tenemos a la vista. Y, de todas maneras, siempre hemos sido parte de algo más amplio.

Aquí, a América, llegaron cazadores asiáticos, navegantes oceánicos, vikingos y conquistadores españoles; luego, esclavos africanos: por lo que somos «un crisol de razas», como diría Simón Bolívar, con todas ellas representadas. Lo percibamos o no, nuestra historia tiende lazos hacia toda la humanidad.

Pero, de nuevo, no hemos sabido procesar ese pasado. Pareciera que somos países jóvenes, sin historia, dando sus primeros pasos torpes. Ahora, por fortuna, han comenzado a hacerse unas revisiones útiles, orientadas a revisitar nuestra historia y, ojalá, reconciliarnos con ella.

Un libro significativo corresponde a Mauricio García Villegas, colombiano, y se llama *El viejo malestar del Nuevo Mundo: ensayo sobre las emociones tristes en América Latina, sus desafueros y pesares* (Ariel, 2023). Lo que aportó, inspirado en el filósofo Baruch Spinoza, es la idea de que nuestro devenir tiene más relación con las emociones que con las ideas.

Era una cuestión simple y estaba a la vista, pero no había sido explotada. Nos sentíamos más representados en la poesía y en la canción popular que en la filosofía; en las novelas que en los textos de historia, pero no habíamos tomado conciencia de que nuestras propias acciones también estaban inspiradas en emociones. Incluso, cuando debatíamos por ideologías, estas enmascaraban fantasías y rencores puramente emocionales.

Spinoza advierte que quienes padecen «emociones tristes» se agreden a sí mismos, se ven atrapados por el odio, el rencor, el resentimiento, la envidia, y no logran un estado sano de bienestar. Ya lo había dicho un gran mexicano, Alfonso Reyes, que no seremos realmente independientes mientras tengamos esa clase de sentimientos nublando nuestras miradas.

García Villegas, formado como cientista político—en Lovaina, Bélgica, a una distancia que le permitió una mirada continental—, describe el modo como las emociones dañaron nuestra convivencia, debilitaron al Estado, dividieron a nuestras sociedades y empobrecieron la democracia. El Rey de España vivía lejos, por lo que las leyes se acataban pero no se cumplían; crecimos indisciplinados.

Ahora estamos pagando las consecuencias, en estas últimas décadas, con estallidos insatisfechos de los indignados, que nos lanzaron a una espiral de revoluciones y dictaduras. No hubo paciencia para los tiempos lentos de las democracias burguesas, urgía responder a las demandas mínimas, del hambre y la cesantía, de la insatisfactoria salud pública y de la educación que no abre puertas para ascender en la sociedad y llegar a un sobrio y modesto buen pasar.

¿Cómo es que Europa, con siglos de guerras, religiones enemistadas y diversas lenguas logró, luego de la Segunda Guerra Mundial, acordar una unión que los sacó del marasmo en que quedaron con tanta destrucción? Creemos que la diferencia es, nuevamente, emocional. No hemos sabido querernos, ni al indio ni al conquistador y tampoco al mestizo indeciso que se multiplicó en la Colonia. Apenas fuimos independientes nos volvimos anglófilos, francófilos y germanófilos, sucesivamente, dando la espalda a nuestros orígenes. Quisimos hacer una buena película documental de nuestra historia, pero el reparto lo organizó un director de casting que no citó a ningún protagonista de ella; solo a espectadores.

Si nos detenemos a pensar, hemos pasado de trauma en trauma. Lo fue la Conquista, con la violencia armada y la mortandad biológica; lo fue la Colonia, cuando las voces mestizas lograron sacar fuera —gracias a la emocionalidad del arte barroco—, el dolor que provocó ese Encuentro de los mundos; lo fue la República, cuando las élites rechazaron «la barbarie» de indios y españoles para ir tras «la civilización» encabezada por Londres y París; finalmente, ya en el siglo XX, cuando los resentimientos, las desigualdades, los prejuicios… nos sumieron en la violencia política y en la violencia de las dictaduras. Cuatro grandes traumas, uno tras otro.

Nos falta sumergirnos en nuestras raíces, para aprender a querernos mejor. Ir tras esos cazadores asiáticos y navegantes polinésicos que colonizaron el Nuevo Mundo, ellos solos, inadvertidos por los demás, olvidados por el resto del mundo mientras creaban notables civilizaciones. También se dividieron en guerras civiles—que favorecieron a los conquistadores—, y organizaron sacrificios humanos para calmar a sus dioses, y no por eso dejaban de ser humanos. Luego, está la raíz hispana de quienes, en nombre de la cruz, o por codicia, o fama y sexo, o por todo mezclado, dejaron aquí su sangre, su lengua y su cultura. También eran humanos. De ellos venimos nosotros, de unos y otros, también humanos.

Intentemos oírlos, a los fundadores, mirarlos de cerca. Ser, por un momento, ese niño taíno que jugaba en una playa de Guanahaní, y vio entrar en la bahía tres carabelas que debieron parecerle enormes, monstruosas; tal vez un pálpito le indicó que nada sería igual desde ese momento. Ser ese conquistador que, al alcanzar la cumbre de un cerro cordillerano, pudo finalmente contemplar todo el valle donde refulgían lagos y embarcaciones, pirámides y templos de Tenochtitlán, en esos momentos una de las ciudades más grandes y hermosas del mundo.

De ahí venimos, de momentos como esos. Mestizos, medio indios, medio españoles, medio mulatos o negros. Nos ha costado mucho, demasiado, aceptarlo. A alguien podrá sorprender que me refiera a nosotros, los que habitamos América Latina, como latinoamericanos. Es un tema largo, desde que surgió la expresión en el siglo XIX, con intereses franceses de por medio y quejas españolas reclamando la mayor propiedad de los gentilicios «hispanoamericanos» o, por último, «iberoamericanos». A principios del siglo XX emergió otro en Perú, «indoamericanos», y ahora último el indigenismo ha planteado que el nombre de América es importado y el continente debiera llamarse Abn Yala, término originario de Panamá, a lo que reaccionaron otros desde México —con su Cemanahuac—, y algunos de Perú, con Tahuantinsuyo.

Es parte de nuestra historia no resuelta. Es el poder de Estados Unidos que se impuso, al apropiarse del gentilicio «americanos», quedando los demás como «los otros», dando explicaciones: «Sí, soy americano, pero...». Ellos mismos, en sus fronteras y aeropuertos, terminaron timbrando nuestras visas: latinos. Latinos de América.

Hasta para eso necesitamos rehacer el camino de nuestro origen, saber de dónde venimos y asumirlo.

2

CARAL, EN LA DISTANCIA

América del Sur, desde el aire, ofrece verdes exuberantes, en especial en su sección norte, la de Colombia y Venezuela, países que concentran unas de las más altas diversidades de flora y fauna del planeta. Ecuador y Brasil también son intensos en verdor, gracias a sus extensiones selváticas de la Amazonía, las que se prolongan hacia el sur hasta Perú y Bolivia.

Se pensaba que el ser humano había entrado al subcontinente por el istmo de Panamá, y que, al ver que las tierras bajas eran más peligrosas, en felinos, sierpes, insectos ponzoñosos, habría optado por habitar las alturas de los Andes, frías, pero más seguras, sanas además, un ambiente en las que florecería la cultura madre de Tiwanaku, con su extensión posterior —incas mediante— a Cuzco y Machu Picchu.

Sin embargo, en este comienzo de siglo XXI, en el que los estudios arqueológicos se han multiplicado, surgió una realidad diferente, una civilización aún más antigua, de hace cinco mil años, contemporánea de Sumeria y Egipto. Y no ubicada en las alturas andinas sino en un valle intermedio, más cerca de la costa.

Es posible que aparezca otra más tarde, en este continente de ciudades perdidas que van apareciendo de una en una, capa por capa, retrocediendo en el tiempo. Por ahora es esta, Caral, la más antigua de América y una de las primeras del mundo.

Hubo hallazgos previos, tumbas, restos, pero recién hace unos 25 años se pudo comprobar su datación. Costó aceptarla, y su impulsora, Ruth Shady, padeció suspicacias porque ningún colega quería cambiar, de nuevo, la identidad de «la primera civilización de América», ni el nombre de su ciudad madre. Pero las evidencias se acumularon y la Ciudad Sagrada de Caral-Supe ya es Patrimonio Mundial de la UNESCO desde el año 2009.

El recelo inicial aumentó porque está lejos de las cumbres andinas, las que acogieran los muros de Tiwanaku y Cuzco, atracciones científicas y turísticas de mundial prestigio. Está, en cambio, en el curso medio del río Supe y en un ambiente más bien desértico. Esto, precisamente, favoreció su perfecta conservación y, a pesar de su antigüedad, parece recién abandonada. Todo se mantiene en pie, para recorrerla.

Lo que sorprende de Caral es que ya están ahí los principales elementos que caracterizan a las culturas andinas, que son muy posteriores. Los caralinos, que hacían maquetas de sus ciudades, parecen haber concebido el modelo andino íntegro, de una sola vez.

Eso sí, hablamos de tiempos largos, de una civilización que se inicia unos 3700 años antes de Cristo y se extiende hasta el 1800 AC, a lo largo de unos dos mil años, tiempo suficiente para generar un modelo. Esperamos que los arqueólogos arrojen más luces sobre ella, y cómo se produjo su influencia en los Andes Centrales, porque es enorme el interés por saber más de los creadores de la que sería la primera civilización americana.

Caral no está hoy muy lejos de Lima. Tres horas y media tardan los buses en llegar hasta ella. Bien adaptada a su entorno natural, en su forma alineada con estrellas, sorprende el ingenio para canalizar sus aguas escasas y así cultivar la cuenca del Supe de manera sustentable. Está muy presente su religiosidad, protagonista de las obras mayores de la ciudad, todas conectadas y alineadas con el espacio sideral, de estrellas y constelaciones. Así, aparece en sintonía con la naturaleza y el cosmos, mediante un calendario de ritos que daba sentido a su vida personal y colectiva, a través de reuniones masivas en plazas abiertas y ritos complejos en sus salas ceremoniales.

El informe para la UNESCO refiere que «el diseño de los conjuntos arquitectónicos y espaciales es magistral». Es un diálogo entre edificios piramidales que se elevan y plazas circulares que se hunden en el terreno, con lo que se representa una conversación entre lo alto y lo bajo, entre este mundo y el Más Allá.

Enlucidas de blanco o amarillo claro, las piramidales edificaciones, con sus escaleras centrales, debieron causar una impresión honda entre los peregrinos y viajeros al contemplarlas desde lejos, por el delicado contraste entre ellas y el tono arenisco que domina el paisaje. En día de ceremonias, el protagonismo corría por cuenta de los conjuntos de músicos, con sus instrumentos de viento y tambores resonantes, cuando los sonidos inundaban el valle abriendo ecos entre los cerros. Todo se oía desde lejos.

Un animalito pequeño, el «caracol de lomas», aparece obsesivo en sus cerámicas, muros y textiles. La espiral de su concha se reitera una y otra vez, así como las escenas donde se ven caralinos recolectándolo.

La espiral es una forma geométrica sugerente, la que encontraron en la naturaleza —en esos caracoles sagrados— y también en el cielo nocturno, como la Galaxia de Andrómeda. Lo pequeño y lo grande, lo terrestre y lo celestial, así vinculados: como es arriba es abajo, porque Todo es Uno.

Esa experiencia de unidad, orden y armonía, en todo cuanto existe, es lo que debieron sentir quienes se sentaban en torno a los estanques construidos en los cerros, para contemplar —de noche, iluminados por fogatas—, unos pequeños peces nadando en el agua, trazando espirales con su movimiento. Debieron experimentar epifanías al observar cómo todo está unido en el universo, porque la misma espiral se repite en algunas constelaciones y galaxias.

El diseño de la concha del caracol, a partir de un punto central, es una línea que avanza desde ahí hacia fuera, en una trayectoria que une lo interior con lo exterior: como es adentro, es afuera. Los occidentales tendemos a creer que el tiempo avanza en línea recta, desde el pasado hacia el futuro. Sin embargo, para los orientales —y los andinos tienen ese origen y se parecen en su visión de la vida—, conciben el tiempo como un movimiento cuya forma tiende a la espiral.

Los caracoles prefieren la oscuridad para desplazarse, en la sombra, de noche. Son habitantes de un mundo misterioso y ven en un mundo que está oculto para los humanos. Los caralinos consumían estos animalitos ya secos, pero los oficiantes en sus ritos los consumían naturales para conservar todas sus propiedades. Como estos moluscos habitan y se alimentan de una cactácea que contiene mescalina, un cierto efecto alucinígeno se transmitía a través de ellos. El arqueólogo Julio César Tello, figura mayor de su disciplina en el Perú, ya había encontrado un entierro de ellos en Punkurí —templo de la cultura Sachín—, donde un cuerpo fúnebre apareció rodeado de sesenta caracoles, dibujados a los costados y alrededor de los hombros. Un muerto listo y preparado para volar a otras dimensiones, desde aquí hacia una constelación espiral.

¿Sentirían, pensarían, que los humanos venimos de allá? Será difícil saberlo, han pasado demasiados miles de años.

Es un territorio seco y sísmico —parte del Cinturón de Fuego del Pacífico—, pero, como decíamos, fue el de desarrollo más temprano. Necesitamos entender la razón de ello, acercarnos a conocer a estos caralinos que supieron instalar bolsas con piedras en las fundaciones de sus edificios para que no se desmoronaran en los terremotos. Su influencia se extendió hasta muy lejos, en paz al parecer, porque no se ven muros defensivos o fortalezas, ni tampoco armas en sus tumbas.

Debieron trabajar mucho más que otros pueblos —por la dureza de ese ambiente—, hasta conducir las aguas escasas hasta sus huertas. Más tarde, para organizar el comercio de caravanas que llegaba a la costa en busca de pescados y mariscos —claves en su dieta—, y también hacia y desde las montañas en busca de tubérculos y plumas de cóndor. Incluso se encontraron productos de la selva en las excavaciones. En Caral —ciudad abierta al mundo— confluían productos de cuatro ambientes diferentes.

Hasta los quipus, sistema de contabilidad tan estético y característico de las culturas andinas, ya aparecen aquí.

Nos gustaría caminar entre los caralinos un día cualquiera, entrar al amanecer cuando todavía se oye el rumor del agua de los canales, ver la llegada de los agricultores con sus papayas, lúcumas, guayabas, y luego a los pescadores con sus sardinas y anchovetas, ricas en proteínas.

Podríamos acercarnos a la Pirámide Mayor. Pioneros en el uso de la fuerza del viento —el Principio de Venturi fue descubierto hacia el 1800—, tiene ductos subterráneos alimentadores de los fogones que mantenían los fuegos vivos allá en lo alto, un fuego eterno cerca de los dioses, para mantener vivo el diálogo, para así oírlos y ser oídos por ellos. Subiríamos por la escalera central, oyendo los tambores que acompañan esos ritos todavía desconocidos, los que rinden en homenaje a sus divinidades, del Agua, la Tierra y el Sol.

La arqueóloga que sigue investigando sus avances, Ruth Shady, celebra especialmente las notables amunas de Caral, esos cauces subterráneos para conducir el agua sin que se evapore y así alimentar manantiales donde hay escasez del recurso. Nada de todo eso, esa ciudad misma, habría sido posible sin el agua.

En lo alto de la pirámide miraríamos la constelación hacia la cual fue orientada su espiral celeste. Es enorme la bóveda estrellada en ese ambiente seco, se percibe un universo que parece infinito. En la piel, luego de sentir el frío de la noche desértica, gozaríamos la sensación cálida de los fogones ardientes, de ruidoso crepitar.

Los andinos se fijaban en las figuras que surgían entre las estrellas, las siluetas oscuras: ¿Intentarían divisar el rostro de los dioses, más allá de las estrellas? ¿Le temerían a la muerte, o partirían en paz a un viaje que les prometía una experiencia más plena que la de este mundo, la que rozaban al contemplar la unidad del Todo?

Siglos después, las culturas andinas seguirán una ruta similar. Como el centro de la galaxia solo se ve en el hemisferio sur, y en torno a ellas aparecen unas constelaciones oscuras, hechas de polvo estelar y gases, aprendieron a conocerlas y les dieron nombres según su forma: Serpiente, Sapo, Llama Madre y su cría… Eran, cada una, un símbolo.

Descubrieron cómo leerlas y así saber cómo venía la temporada agrícola y cómo iban a parir las hembras de los camélidos. Saber, por ejemplo, cómo venía el fenómeno de El Niño, que llegaba con sequías. En nuestro mes de julio, cerca del solsticio de invierno, aparecían las Pléyades sobre el horizonte. Si se veían nítidas, despejadas, era una mala señal para los cultivos. Al revés, si se las veía difusas, como envueltas en una neblina, las lluvias serían abundantes, la nieve se acumularía en las montañas y no faltaría el agua en el verano. Como es arriba, es abajo.

Se entiende que, en su cosmovisión, ellos dijeran ser «habitantes del cosmos».

3

PACHACUTEC, EL ORDENADOR DEL MUNDO

Hay un héroe mítico cuyo recuerdo no desaparece de las alturas de la cordillera de los Andes. Algunos esperan que vuelva, y no son pocos los que añoran el retorno del principal héroe de la América Antigua, Pachacútec, o Pachacuti, nombre que se asignó él mismo cuando inició su trayectoria: «El Transformador del Mundo».

Decían en su tiempo que, cada tanto, algo sucede y el orden antiguo se viene abajo para dar paso a la vida nueva. Así sucedió con él, porque el pequeño territorio que heredó —o se tomó, más bien—, terminó siendo el imperio más grande de la América Antigua, uno de los mayores del mundo.

Fue un genio, eso no se discute, tiene derecho a que se le recuerde como una leyenda. Pero lo cierto es que no todo comenzó con él. No hay que olvidar a Caral, ni a Tiwanaku, ni la cultura de Paracas entre tantas otras. Ese mundo andino que comenzó a definirse 3500 años antes de nuestro tiempo, cuando él llegó al poder, hacia el 1438, tenía detrás suyo había cerca de cinco mil años de evolución.

Antes de su llegada hubo otros genios, políticos o militares, sabios amautas y jueces respetados, toda una civilización que, eso sí, es gracias a él que alcanza su mayor brillo. Es por eso que su biografía resulta tan atrayente. Él concentra y representa siglos de culturas que surgieron en torno a la Cordillera de los Andes. No fue el Creador de un mundo, como dijo, solo fue su Transformador: pero todo cambió.

Sería interesante descubrir una figura similar dentro de las otras dos grandes áreas culturales de la región, la Amazonía y el Caribe. Es muy posible que hayan existido otros líderes excepcionales, pero, por ahora, si queremos internarnos en la América Antigua y visualizar la complejidad alcanzada por los indígenas antes del encuentro con Europa, no hay mejor ingreso que el que nos ofrece ese joven andino oriundo de un pequeño valle de los Andes Centrales, nacido en una pequeña y desconocida ciudad llamada Cuzco.

Los mitos construyen realidades, pero también enceguecen. Por fortuna, más allá de la biografía fundamental de la historiadora María Rostworowski, ha sido útil la reciente humanización del personaje, con sus aciertos, pero también con sus errores, tal como se ha descrito la figura de un Alejandro Magno o de un Julio César. Ha podido recuperarse su figura, volverla más real y cercana.

Su origen, como suele suceder con estas figuras, está envuelto en algo milagroso, lo que bien puede atribuirse al esfuerzo que hacen todas las culturas para tener un origen sobrenatural. Era de familia importante, por lo que vio la luz en el Palacio de Cusiconcha, frente al Templo del Coriconcha, lo que atestigua su nobleza como hijo del Inca Huiracocha, el jefe del valle. Tendrá una educación completa en la Casa del Saber y, dicen, aprendió de historia, leyes, lenguas y manejo de quipus, ese sistema de cordajes para transmitir información.

Desde joven fue reconocida su inteligencia, superior a la de sus hermanos, así como su clara sensatez a la hora de tomar decisiones, muy juiciosas e impropias de su temprana edad. Al pasar por el rito iniciático —la Warachikuy que marca el paso a la vida adulta—, ya era respetado. Fue entonces cuando comenzó a participar en las batallas en defensa de Cuzco. Los generales, al advertir sus dotes, aconsejaron al Inca Huiracocha que lo designara a él de sucesor; pero su padre, ya encariñado con el hijo mayor, no lo hizo. Fue un error, porque se anunció una invasión de los chancas, grandes guerreros, y padre e hijo mayor corrieron a refugiarse en un fuerte cercano. El peso, naturalmente, recayó en el joven Tusi —su nombre original—, «el Dichoso».

Estando junto a una fuente tuvo una aparición de una figura resplandeciente, dorada y solar, que le habría anticipado la gloria de su destino. Con ese estímulo, y con una astucia y determinación que lo libraría muchas veces —en inferioridad numérica—, logró salvar Cuzco mediante alianzas con otros jefes.

Ese mismo día, tras el triunfo contra los chancas, su nombre comenzó a sonar entre los historiadores locales y entre los músicos, que compusieron himnos en su honor. Comenzaron los rumores, que era Hijo del Sol, un Intichuri, pero él escogió de inmediato su apelativo, será Pachacútec, «el transformador del mundo». Todo lo anterior de su dinastía —es el noveno inca— parece confuso, brumoso; es con él que comienza a girar la rueda del tiempo inca.

Grande fue la celebración por haberse salvado la ciudad con el apoyo de las etnias vecinas, que enviaron sus mejores productos para congraciarse con el nuevo líder. Luego llegaron sus representantes en cortejo, con sus mejores atuendos, trayendo otros regalos. Todo esto sucedía hacia el año 1438. Los ayarmacas, celosos, se rebelaron, pero el nuevo inca arrasó su territorio, apresó a su líder —de por vida—, y diezmó a la población. Luego tuvo que someter a varios líderes cercanos. Así es que la paz inca comenzó haciendo la guerra. Recién entonces, con unos cuarenta mil hombres en armas, inició la ampliación de su reino. En Vilcashuamán ordenó construir un Templo del Sol, lo que se transformaría en un sello de sus conquistas. Una misma lengua, el quechua, sería otro elemento aglutinador de las culturas diversas, junto al culto al Sol, con ritos simbólicos del nuevo imperio. Sin eliminar a los dioses locales, el levantar Templos al Sol y Casas de las doncellas en cada ciudad conquistada, terminó por imponerse. Eran obras de arquitectura imponentes, en especial tras un viaje suyo a la sagrada ciudad madre de Tiwanaku, el que lo llevó a modificar Cuzco con nuevos monumentos en piedra labrada.

Es notable ver su orden mental, cómo se adapta y crea un sistema para administrar territorios tan variados, a veces muy distintos de sus montañas originales. Con un cuerpo de ingenieros y técnicos, analiza los productos locales, calcula cuántos tributos exigir, cómo ampliar la producción minera o agraria —con canales de regadío, terrazas de cultivos, introducción de otras plantas—, y por dónde trazar los Caminos del Inca. Estos serán otro sello más del imperio, sus rutas de piedra en muchos casos para que con rapidez puedan llegar los guerreros a controlar una rebelión, y por donde puedan trasladarse los tributos con rapidez para comer pescados y mariscos frescos en las alturas de Cuzco, llevados desde la costa a cientos de kilómetros.

Quien observe cómo se administraba este imperio, verá un perfecto manejo de la razón y la lógica. Algo básico de la escuela filosófica inca —por tradición— era la dualidad. Arriba y abajo, izquierda y derecha, masculino y femenino, oscuro y luminoso. Eso permitía estructurar la realidad. El imperio mismo se llamó Tahuantinsuyo, «Cuatro partes», para hacer más fácil su administración. Las ciudades tenían dos mitades, la de arriba y la de abajo, jerarquizadas, cada una dividida en cinco barrios. Tanto y más que transformador del mundo, fue su Ordenador.

Brillante es su manejo de los símbolos, como medio de crear vínculos entre el Cuzco y los pueblos conquistados. La grandiosa reforma de la capital intimidará a los visitantes, desde lejos visible la magnífica fortaleza de Sacsahuamán, alzada sobre Cuzco como una imagen protectora. Hacia el centro la Amaru Cancha —Gran Plaza— junto al barrio de los palacios, en la que se harán las grandes festividades anuales, los solsticios, a las que eran invitadas las autoridades de todo el imperio.

La plaza apuntaba al oriente, recibía al sol naciente, y en esa dirección se ubicó el Templo del Sol con sus muros precisos, jardines y un gigantesco disco de oro engastado en piedras preciosas, elevado en un torreón para hacerlo brillar —solar— sobre la ciudad. A unos kilómetros, como un nido de cóndores rodeado de silencio, más allá de Ollantaytambo —también ciudadela de grandes piedras labradas—, al fondo y en lo alto del Valle Sagrado del Urubamba, Machu Picchu, un lugar elevado para estar cerca de los dioses, del Dios Sol.

Las principales ciudades tendrán su Gran Plaza para los ritos y —como Sacsahuamán— fortalezas de piedra donde refugiarse en caso de rebeliones o invasores, con bodegas y despensas para resistir a salvo, bien diseñadas para que circulara el aire y drenaran las aguas si debían estar encerrados un tiempo largo.

Su arquitectura pétrea, altiva, entregaba un mensaje: todo estaba construido como una señal de diálogo con la eternidad, con el infinito, en un imperio destinado a perdurar muchos siglos. Sus monumentos de piedra jalonaron grandes extensiones, como si quisiera tatuar la piel de América con sus piedras sagradas.

Podemos imaginar que Pachacútec sabía de las extensiones y climas y cordillera y selvas de América del Sur, a lo largo y a lo ancho, desde las selvas del interior a los desiertos costeros. Aficionado a los mapas y maquetas, puede haber tenido una representación tridimensional y, en algún momento, luego de las dos primeras exitosas ampliaciones de su imperio, pudo haber ideado hacer de todo el subcontinente, desde Panamá al sur, una unidad, un imperio, con la cordillera de los Andes como columna estructurante.

No lo sabremos con exactitud, pero hemos ido conociendo que el comercio se nutría de redes y rutas muy largas. Los kallawayas, por ejemplo, manejaban una medicina ancestral basada en su conocimiento de cerca de novecientas especies. Habitantes de las alturas bajas, subían a las montañas o descendían a los valles, e incluso conocían las selvas; con sus grandes bolsas trenzadas de fibras vegetales llenas de hojas medicinales, recorrían centenares de kilómetros. Las adolescentes de Atacama, de piel dorada por el sol, gustaban de exhibirla al poner en sus cuellos collares de conchitas blancas, las cuales hacían un alegre contraste con su piel de bronce. Conchitas que son de las playas del sur de Brasil, a cientos de kilómetros de ese desierto. Los chamanes del mismo desierto usaban penachos que incluían plumas azules, color sagrado, de aves que habitan una región del actual Paraguay. El tabaco amazónico se consumía en Canadá y el cacao de Mesoamérica se exportaba a Sudamérica.

Así, en toda esa América, se ha ido descubriendo que se conocía a sí misma, que no vivían ensimismados, y por ello es posible pensar que Pachacútec pudo encargar una representación de América del

Sur, exceptuando las tierras australes a las que nunca se acercó.

Algunos lo consideran el hombre más sabio de la América Antigua. Es posible, si a su genio político y a su evidente capacidad como estratega militar —que le permitió llegar a ser el principal conquistador de ese mundo—, se le agregue también el ser solicitado como juez dirigente de casos complejos. Su discernimiento, sapiente, fue legendario.

Cuando muere en 1471, en paz consigo mismo, al otro lado del mar un joven Cristóbal Colón golpeaba el portal de la corte de Juan II, rey de Portugal, para ofrecerle un proyecto, una navegación de exploración para ir al Lejano Oriente por el oeste. Colón no fue oído, pero insistió. Tenaz, se quedó a vivir en Portugal, hasta convencerse de que ahí no tendría apoyo. Solo entonces se dirige a España, donde Isabel, la Reina Católica, le presta su protección.

Ya se sabe lo que vino, lo que sucedió. Los célebres Caminos del Inca, por donde tantas veces corrieran los mensajeros para informar de triunfos y conquistas, ahora servirán para traer informes inquietantes. Y luego, muy luego, para que avancen los invasores con rapidez.

4

ANTES DE LA CONQUISTA

En la actualidad, hay más arqueólogos, antropólogos y etnólogos que nunca antes, estudiando las culturas indígenas con unos equipos y recursos superiores a todos los anteriores. Su trabajo nos permite, finalmente, visibilizar mejor cómo era América antes de la llegada de los europeos. El quetzal, ave sagrada, de conexión con los dioses de Mesoamérica, según el mito cantó hermosamente hasta que se produjo la Conquista, y solo volverá a hacerlo cuando la tierra sea liberada y se reencuentre consigo misma.

Mucha gente viaja a Costa Rica o Guatemala para avistar un quetzal, ave nacional en este último país: ¿Liberar a América? ¿Reencontrarse? Esto no está claro, qué podría significar, pero lo cierto es que el aumento de los estudios está permitiendo acercarse a la América Antigua con menos mitos y también menos prejuicios.

Era un continente bien poblado, de al menos 40 millones de habitantes, y es muy posible según los estudios más recientes que llegaran a los 60 millones, lo que desmiente la imagen de una naturaleza exuberante donde apenas había unas tribus aisladas, de seres humanos primitivos y semidesnudos, alimentándose de los frutos de los bosques y de la caza y la pesca. Todo era mucho más complejo. Algo que da una señal es que han llegado a catalogarse cerca de 120 familias lingüísticas, dentro de las cuales había unos 1200 idiomas, según apunta Charles C. Mann, autor de *1491: Una nueva historia de las Américas antes de Colón* (2006).

De manera simplista se ha reiterado una imagen única de todo el continente, con pirámides, tocados de plumas, tambores, arcos y flechas, sacrificios humanos, cuando lo cierto es que había sociedades y culturas sumamente diferentes. Unas eran más igualitarias y otras jerarquizadas, unas activas y otras pasivas, en una gama casi infinita en la que va apareciendo la misma diversidad humana que hemos conocido en otros continentes.

También comienza a perfilarse un desarrollo importante en ingeniería, agricultura y explotación forestal, a lo largo de unos veinte siglos, lo que había ido introduciendo cambios relevantes en los paisajes. La naturaleza que los europeos conocieron no fue un «continente virgen»; era uno donde se desviaban ríos, se plantaban bosques de manera sistemática, se creaban—por manejo genético— alimentos nuevos. El maíz, un pequeño fruto que fue modificado con notable inteligencia, es considerado uno de los primeros grandes inventos de la humanidad.

La medicina refleja un certero conocimiento y dominio del cuerpo humano, con toda clase de intervenciones Hernán Cortés —en su *Segunda Carta de Relación* a Carlos V— escribe sobre los aztecas: «No me mandes médicos ni cirujanos porque los de aquí son mejores que los de Castilla».

En efecto, se hacían operaciones de cerebro tanto en Mesoamérica como en los Andes Centrales, así como implantes de piezas dentarias. Cortés agrega: «Hay calles de herbolarios donde se venden de todas las raíces y yerbas medicinales que en la tierra se hayan [sic]. Hay casas de boticarios donde se venden las medicinas hechas, así potables como ungüentos y pomadas».

Nuevo Mundo no es un buen nombre, resulta engañoso. América Precolombina, tampoco, porque deja en una neblina todo lo anterior a 1492. América Antigua podría ser, como ciclo correspondiente a otras antigüedades, las de Egipto, China, la India y Japón, aceptando que América, aunque no es denominación nativa, unifica el continente de un modo que, hasta donde sabemos, nunca fue percibido como la totalidad que era antes de 1492.

Es efectiva la desigualdad en armas, lo que marcó la diferencia. Los españoles eran portadores de logros de todo el Viejo Mundo, como la pólvora china, el caballo domesticado en Kazajstán, el acero griego, las armaduras con escamas metálicas del Oriente Medio... Todo el ancho y antiguo Oriente combatía y derrotaba al nuevo e inexperto, haciendo uso de los cañones chinos que los mongoles llevaron al Medio

Oriente. Las armaduras indígenas eran de algodón; las europeas, metálicas, reflejo de su diferencia. Las culturas indígenas no se especializaron en una industria de la guerra, lo que fue su perdición.

Es enorme la riqueza artística y artesanal acumulada en esos veinte siglos antes de la llegada de Colón, uno de los grandes tesoros de la humanidad, capaz de llenar grandes museos del mundo, a pesar de toda la destrucción de la Conquista.

Se distinguen nueve áreas culturales en la América Antigua, cada una con artes y modelos de sociedad propios. Todas muy diferentes: la mesoamericana, de la Caribe; la amazónica, de la Andina Central o la surandina.

Son incontables las culturas repartidas en esas nueve áreas: anasazi, misisipiana, mexica, tolteca, teotihuacana, zapoteca, olmeca, maya, muisca, tairona, taino, cañari, moche, nazca, chimú, tiahuanacota, mapuche, selknam, rapanui… Tendríamos necesidad de una enciclopedia para dar cuenta de sus principales logros en escultura, pintura, muralismo, arquitectura, poesía, música, matemáticas, medicina, agricultura, navegación, urbanismo, sanidad, medicina, astronomía, metalurgia en cobre y bronce, orfebrería en oro y plata, por dar algunos ejemplos.

En Mesoamérica encontramos grandes ciudades, varias civilizaciones, y al llegar los españoles estos se asombraron al ver la construcción de lagos artificiales, la creación de suelos y cultivos flotantes en los lagos, la organización en ciudades-estado similares a las griegas, los palacios con jardines y zoológicos privados. Tenochtitlán, aunque no se conociera, era una de las grandes maravillas de la humanidad, más extensa por entonces que París o Londres: cada barrio con sus templos, su policía, sus baños públicos, con canales y represas para la distribución del agua y control sanitario para no contaminar los lagos.

Los mayas, con su calendario magistral, escritura y matemática, pirámides y grandes monumentos en Tikal, Palenque, Copán, con ciudades-estado rivales, que ya iban en tránsito hacia una monarquía religiosa y una sociedad más participativa, destacan por tener la mejor astronomía del continente y el primer telescopio, la noción y el símbolo del número 0, además de una escritura propia de tipo jeroglífico.

Las culturas amazónicas están recién descubriéndose. Sus ciudades —donde intercalaban jardines y huertos con zonas naturales—; su población —del orden de ocho a diez millones de habitantes en total—; su cuidado manejo de la selva amazónica, y las carreteras que unían los poblados, están asomando como un paisaje muy lejano a la imagen simple de una selva impenetrable donde vivían algunas tribus de indios aislados y semidesnudos.

Los incas, el mayor imperio del planeta en la época de la Conquista, con una expansión como la romana —de tres millones de kilómetros cuadrados—, habían aclimatado especies y construido acueductos para aguas de riego y potable, con lo que transformaron la habitabilidad de incontables valles tributarios de la Cordillera de los Andes.

Con una dieta completa y saludable, gracias a las carreteras que en plena montaña permitían el consumo de peces y mariscos frescos de la costa, así como hacia el interior para frutas amazónicas, crearon un «orden del mundo» que se regulaba a través de bibliotecas de quipus que registraban los datos de los censos y otras estadísticas.

Todo esto no ha desaparecido. Hasta hoy existen descendientes que conservan vivos algunos de sus ritos, símbolos y ceremonias, así como un ancestral conocimiento para mantener la rica biodiversidad de su medioambiente. Se tiende a estudiarlos como si fueran culturas extintas —el imperio de los incas, así como el imperio romano—, pero es una realidad viva en el presente, incluso en las narrativas de algunos políticos actuales que reconocen esa vigencia.

El Imperio Chimú creció en la vecindad, con cerca de cien mil habitantes en su capital, Chan Chán. Una cultura con origen mítico en el océano, no en las alturas, orientada al comercio costero. De hábiles ingenieros que supieron irrigar el desierto, también fueron diestros en metalurgia, alfarería y textiles, con talleres urbanos donde las técnicas pasaban de una generación a otra. Podríamos seguir adelante con el mosaico de culturas que se extendía sobre todo el continente.

Se conocen mejor las que se organizaron en grandes ciudades con áreas extensas, pero son incontables las que, a veces más sabias y menos políticas, lograron un armonioso y sabio equilibrio con su medio. Fueron muy numerosas, en especial en las vastas extensiones que dieron paso al Imperio español, desde la California y la Florida, por el norte, hasta la Patagonia, por el sur.

5

LOS INVENTORES DE AMÉRICA

Los que crearon los relatos sobre «la novedad indiana», quienes sembraron ilusiones sobre «la maravilla de América», tenían un nombre: Cronistas de Indias. La mayoría de los primeros cumplió esa función junto a otras —soldados, sacerdotes, marinos...—, como el propio Cristóbal Colón, el que contó al mundo lo que era el Caribe, el que hizo añorar el Paraíso Original al evocarlo cuando tocó tierra en América del Sur y, bajo «el cielo recién descubierto», afirmó que solo entonces se había dado cuenta de que la Tierra no era esférica, «sino en forma de teta de mujer, con pezón en alto, cerca del cielo, y por eso los navíos van alzándose en el cielo suavemente».

Así comienza a brotar la narrativa de América, la literatura de América Latina, región que obtiene su nombre sugerente gracias a las cartas que Américo Vespucio escribe mientras navega desde Brasil hacia el sur, hacia la Patagonia: «Mundus Novus». El futuro también estaba aquí más cerca, el nuevo mundo para iniciar una historia nueva, lejos de la adolorida y empobrecida Europa medieval.

Es muy curioso que sea Hernán Cortés, hombre frío y pragmático, que nunca se conmovió ante los dolores indígenas, quien fuera, al mismo tiempo, no solo el pionero a la hora de cantar las glorias de Tenochtitlán —una de las ciudades más extensas y bellas del mundo en ese momento—, sino también el que acierta a reconocer que está ante una realidad tan diferente, tan otra, que se hace indescriptible: «No hay lengua humana que sepa explicar la grandeza y particularidades» de este Nuevo Mundo. Aunque los padecimientos de los derrotados no le despiertan emociones, sí le molesta lo que denigra la Conquista: los encomenderos rapaces y los frailes indignos. Para ellos sí tiene adjetivos, y duros, porque mancillan la grandeza del gran proyecto americano.

Entre los cronistas de Indias prima el desconcierto ante América, el asombro ante lo desconocido, aunque se trate de sujetos con mentes medievales que crecieron oyendo historias de libros de caballería, donde hay apariciones, magos, brujas, talismanes y dragones. Tratan, por supuesto, de hacer encajar el continente en ese contexto —otro escenario mágico—, como sucediera con Gaspar de Carvajal, el cronista del viaje de Orellana a lo largo del interminable río Amazonas, curso fluvial que recibirá ese nombre por la fijación de Carvajal por esos seres míticos que son las amazonas. Le debemos una imagen hermosa, al describir la desembocadura del río como una «boca del dragón».

Uno de los primeros cronistas es Pedro Martín de Anglería, renacentista cultivado, «primer historiador del Nuevo Mundo», cuya cultura —hombre de mundo— nos permite seguir de cerca la aventura americana. Consejero de reyes, capellán de la reina Isabel, es posible que su influencia fuera decisiva para apoyar al navegante genovés. Al principio parece algo indiferente ante la empresa, como cuando escribe: «Hace pocos días volvió de las Indias occidentales un cierto Colón, de Liguria», pero luego se fascina ante las posibilidades que surgen, en todo sentido.

Pronto, por su cultura, piensa escribir un libro. Es por él que, por vez primera, se imprimen palabras desconocidas que llegaban de América: canoa, iguana, maíz, caníbal, caribe, tuna. Él, un poeta que escribe en latín, encuentra un placer desconocido al descubrirlas, como en el caso de la palabra «huracán», con su sonoridad tan rotunda. Es otro de los que fantasea con utopías del Nuevo Mundo, como cuando se refiere a estas naciones desnudas, libres del mortífero dinero, imagen muy cercana a ese Renacimiento que fantaseaba con la pureza de la Grecia arcaica. La que evoca, ahora en relación a América. Ya no se puede volver a la Grecia del pasado, a lo más se pueden desenterrar sus mármoles, pero sí se puede navegar hacia su versión actual.

Hubo también —por desgracia, pero nunca faltan— cronistas serviles siempre listos para glorificar al Imperio español y denigrar a los indígenas, con lo que justificaban los desmanes y las esclavitudes a las que se sometía a los hombres del Nuevo Mundo.

No eran historiadores los cronistas de Indias, solo ponían su pluma al servicio de la Corona y, también, de sí mismos: para ganar fama. Hay algunos que resultan notables, como Bernal Díaz del Castillo, a veces llamado «el fundador de la literatura en América», capaz de presentar luces y sombras de unos y otros, ecuánime. Viejo soldado, a los ochenta y cuatro años comenzó a escribir por la misma razón que lleva a ello a muchos ancianos: para no olvidar. En su caso, para que no se olvidara que detrás de los nombres célebres había muchos héroes anónimos, cientos de sacrificados hombres comunes de tres pueblos especialmente, el castellano, el vasco y el extremeño. Es uno que ya escribe desde América, como un criollo. Moctezuma le entregó una joven indígena con la que formó familia, con dos hijos. Crítico de las tropelías castellanas, sus descripciones fueron alimento importante para la creación de la Leyenda Negra de la España conquistadora.

Son muchos los que denuncian hechos vergonzosos y crueles. Es difícil saber por qué, de todos los imperios, el español será tan proclive al autoflagelo, a entregar material a sus enemigos, dejando una imagen imborrable en la historia de Occidente. Por lo mismo será difícil el perdón, o el olvido, en la América Latina.

A lo largo de los siglos, incluso antes de Cristo, bajaron tribus nórdicas a la Península Ibérica. Más tarde, desembarcaron cartagineses en sus costas del Mediterráneo. Luego, fue el Imperio romano el que dominó a las futuras Españas con mano dura, imponiendo sus leyes por siglos. Les siguieron los árabes, que permanecieron más de siete siglos, con líderes tan violentos como Almanzor, quien dejaba filas de crucificados a lo largo de los caminos como escarmiento. Pero España honra a sus huellas romanas, crea museos donde se presentan los logros de la etapa arábiga.

No hay un repertorio de desmanes como el que escribieron los propios españoles en América. Hay algunos, como Bartolomé de Las Casas o Alonso de Ercilla, que son francamente indigenistas. O Juan de Castellanos, que duda del proceso. Las Casas es el más célebre en esta línea, a la hora de celebrar las culturas indígenas, como «gentes de la Edad Dorada», y de acusar —cargando las tintas— a los encomenderos de trato esclavizador, culpables de alejar a los indígenas de la fe cristiana por sus crueldades. Es el gran proveedor de anécdotas indignas, que alimentaron a los protestantes creadores de la Leyenda Negra, especialmente ingleses, que podrán entonces calificar de oscurantista y retrógrada a toda España, una nación merecidamente atrasada en relación a otros reinos europeos. Se trata de un relato que tendrá enorme éxito: el villano necesario para toda narrativa que aspire a un éxito dramático.

Más allá de denunciar las culpas y codicias que ensombrecen el proyecto español de América, un aporte enorme será el que hacen los cronistas que, cual antropólogos e historiadores, registran cuanto pueden sobre cómo era el Nuevo Mundo antes de la llegada europea; un interés poco visible en otros imperios respecto de las tierras conquistadas. Uno de los más interesantes, también en este aspecto, es fray Bernardino de Sahagún, que llegó a aprender el náhuatl, y a escribirlo, para transmitir lo recopilado con más fidelidad, la Conquista vista con ojos indígenas... Más ambicioso aún, Pedro Cieza de León intenta un retrato completo del mundo anterior, desde el Caribe hasta Chile. Otros, más frívolos —como Gonzalo Fernández de Oviedo—, pensarán más en su público del momento, tomando nota de cuánto podía impresionar a los españoles de su tiempo. Los editores recibían felices lo textos truculentos, que aseguraban una venta segura.

Casi no quedó territorio importante sin relator. Será Alonso de Ercilla, desde el extremo sur con la Araucanía mapuche —«el inventor de Chile», según Pablo Neruda—, o Juan de Castellanos en la Nueva Granada (hoy, Colombia), y el mismo Gonzalo Jiménez de Quesada, quien nos retrata el mismo mundo de la gran cultura chibcha, o Pedro Sarmiento de Gamboa con los incas; y José de Acosta, que aborda, con amplitud, la Historia Natural del Nuevo Mundo.

Son interesantes las plumas indígenas, como la de Fernando de Alvarado Tezozómoc, nieto de Moctezuma, quien relata la historia del México antiguo desde la fundación de Tenochtitlán; las plumas mestizas, como el caso de Garcilaso de la Vega, el Inca, que describe las dos culturas que imagina podrían unirse en torno a la fe cristiana; la propia y la hispana.

Original es Felipe Guamán Poma de Ayala, quien escribe dirigiéndose al Rey proponiendo que el ideal sería conservar las estructuras sociales y económicas de los Incas, que a su juicio permitían una mejor vida que la impuesta por los españoles, para sumarlas a la tecnología europea y la fe cristiana. Denuncia el trato de los funcionarios «extirpadores de idolatrías» porque, como alguien que apreciaba la fe cristiana, consideraba que alejaban de esta a los indígenas. También argumenta que el ambiente moral era mejor antes, y que no le gusta el mestizaje; que sería mejor la pura convivencia de los dos mundos, pero sin mezclarse.

Tal vez no hay cronista más recordado que Alvar Núñez Cabeza de Vaca, cuya vida ha llegado al cine, y que recorrió por vez primera todo el norte de México, hoy sur de Estados Unidos. Vivió cautivo por ocho años, caminando miles de kilómetros, a veces de sirviente, otras de chamán, al final semidesnudo e integrado como el que más, a la espera de encontrar la mítica fuente de la Eterna Juventud. Pudo sobrevivir para gozar una segunda vida, en Sudamérica, donde nuevos largos recorridos le permitirán ser el primer blanco que contempla las grandiosas cataratas del río Iguazú.

El poema épico de Alonso de Ercilla, que rinde homenaje a los guerreros de Arauco, será una fuente de inspiración cuando llegue la hora de la Independencia. A su texto acudirán los patriotas de América, a partir de Francisco de Miranda, el fundador en España de la Orden de Lautaro, nombre que tomó del héroe indígena del poema de Ercilla.

Más acá, Gabriel García Márquez, al recibir el Premio Nobel de Literatura en 1982, dará un discurso llamado «La soledad de América Latina». Colombiano él, justamente de la tierra relatada por el cronista Juan de Castellanos que anticipa un mundo parecido al de muchas novelas de la región, donde hay una naturaleza que a veces genera delirios, por sus espacios vastos y vacíos, sus distancias interminables, en lugares que parecen sobrenaturales. Sus conquistadores terminan en la pobreza, olvidada la codicia, agradecidos de no haber muerto, solo deseando un rincón en que reposar. Lejos, muy lejos, de su tierra natal. Y lejos también de los relatos de grandes personajes de la Conquista. Para Castellanos, el mestizaje también resulta extraño, poco natural.

Será difícil, muy difícil, crear un mundo bicultural. África fue negra; Asia, amarilla; y Europa, blanca. Estados Unidos y Canadá, por la destrucción de sus mundos indígenas quedaron con una población blanca apenas matizada de minorías aborígenes; en tanto que América Latina se configura desde el mestizaje y el mulataje, a partir de la diversidad, lo que generó dificultades desde el inicio, con resentimientos profundos. Aunque, en el siglo XVII, superado el fragor de la Conquista, se logró un modelo que comenzó a integrar los tres mundos.

6

BARROCO AMERICANO

Tzvetan Todorov, el gran filósofo búlgaro (1939-2017), discípulo de Roland Barthes en París y experto en la Ilustración francesa, terminó seducido por un tema muy lejano a su tierra natal, objeto de un libro notable que publicó en 1982: *La conquista de América. La cuestión del otro.*

Tenía algo a su favor, su propio nomadismo intelectual —profesor en grandes universidades de Estados Unidos—; sabía de desarraigos, de identidades confusas, de choques entre culturas diferentes. Terminará distinguido con el Premio Príncipe de Asturias por representar «el espíritu de unidad de Europa».

Declarándose un ser desplazado, resulta muy interesante, humana y cercana, su percepción de lo que sintió el indígena en la Conquista, sentimiento que logra captar con gran empatía. Lo hizo en dos sentidos: el primero, en cuanto a la parálisis mental frente a un «otro» incomprensible. Es como si alguna noche, de paseo por el barrio, nos encontráramos, cara a cara, con un extraterrestre que no se mueve al vernos, que solo nos mira. ¿Qué hacemos? ¿Saludarlo? ¿Darle la espalda y huir? ¿Intentar agredirlo? No tenemos ninguna referencia para una situación de «otredad» tan radical.

Los indígenas, como recuerda Todorov, podrían haber aniquilado a la hueste de Hernán Cortés a piedrazos. Como eran miles los aztecas y grupos cercanos, eso habría sido suficiente para aniquilar a los invasores. Pero no supieron qué hacer. Todorov describe la dimensión de la tragedia; llega a hablar de exterminio, pero su mayor aporte consiste en hacernos ver que el drama del mundo prehispánico, a propósito de la Conquista, no solo será físico, sino también espiritual. Caídos sus dioses —que los habrían abandonado—, les fue necesario encontrar una fe nueva, una que les permitiera creer en algo y seguir viviendo.

Y entonces apareció el arte del barroco, que resultó su salvación. No fue igual al europeo —dedicado a sumar y aglomerar elementos—, sino, casi al revés, uno que intenta integrar elementos opuestos. Es una historia que no se ha escrito en toda su dimensión. Que así como los misioneros aprendieron lenguas indígenas y estudiaron las cosmovisiones locales para poder otorgarle un lugar al mensaje cristiano en ellas —en Brasil, incluso, aprendieron a catequizar con música, con canciones—, los artistas indígenas del barroco americano también adaptaron sus mensajes a un contexto que les era ajeno, uno mestizo, medio blanco. Ellos lo modificaron, para darle vida de distintas maneras: el barroco americano de México, de

Quito, de Cuzco o de Chiloé será distinto en cada caso, según las formas artísticas locales.

El barroco de Europa también había nacido de una catástrofe, de guerras y plagas, de cismas religiosos que habían puesto fin al grandioso Renacimiento, y también de un creciente individualismo que socavaba la fe en los grandes relatos oficiales. Era un mundo más escéptico, como si Dios, los dioses, hubiesen caído al mismo tiempo a ambos lados, en el Nuevo pero también en el Viejo Mundo. El sentimiento era profundo, la sensación de pérdida, la caída en un abismo que no terminaba nunca; pero el barroco colaboró en la búsqueda de un nuevo sentido, para unos y otros, y también para los mestizos.

Los jesuitas fueron grandes impulsores de esa nueva cultura, la que tomaría forma en el Barroco, de enorme éxito, con su épica sensorial y sentimental, que permitiría dar curso a las intensas emociones de la época. Distinta en Europa y en América, en el Nuevo Mundo fue muy relevante porque permitió la expresión de los indígenas, dio una salida coherente a sus dolores, inundó de colores y dorados el paisaje de las ciudades, inauguró un tiempo nuevo; tan dorado como los templos del Dios Sol.

Hubo una transición, si se quiere ordenada, gracias a la sintonía lograda entre las cosmovisiones. Ya no se rendía culto a la diosa madre Tonatzin, pero en el mismo lugar de antes había ahora un templo para otra diosa madre, la Virgen de Guadalupe. Esto en

1531, casi de inmediato tras la Conquista. No hubo caída al abismo porque los indígenas, la mayoría de ellos, eran de una religiosidad profunda. Siguieron siendo creyentes, orando con la misma convicción de antes de la Conquista.

La fe barroca se asemejó a la indígena, con ritos al aire libre, esculturas de oro o doradas, con piedras preciosas ornamentales; obras de teatro, mucha música, un sentido del espectáculo que evocaba ritos ancestrales. Como si los dioses estuvieran de vuelta, ahora con otros atuendos, pero en un entorno de drama tan intenso como el que estaban viviendo en su interior tras perder el orden previo. Algo que explotó Hernán Cortés, actuando como si él fuera una versión nueva de Moctezuma, el emperador azteca.

Según escribió Alejo Carpentier, América ya era barroca cuando no tenía ese nombre; solo tuvo que resucitar para seguir existiendo. Al decir de Miguel León Portilla, el barroco permitió algo muy necesario en ese momento, «la visión de los vencidos». Carlos Fuentes va más allá. Considera que el barroco retrata la incertidumbre que produjo el siglo XVI con ese reemplazo de cultos y ritos, expresa las tensiones que se vivieron entre el caos resultante y la necesidad de un orden nuevo. Aporta un «fuego originario que recoge los fragmentos y los unifica», en un arte que da cuenta, finalmente, del asombro que vivió el europeo al encontrarse con el Nuevo Mundo, y también el del indígena al ver caer a sus dioses ancestrales. Por su parte, José Lezama Lima, en *La expresión americana*, plantea que el barroco constituye el arte mestizo por excelencia en la América Latina, es lo que expresa a cabalidad ese hondo sentimiento que produjo en el indígena la caída de sus dioses. En el barroco se puede oír el silencio que se produjo tras esa tragedia.

El asombro fue un sentimiento central. Ante la existencia de América, ante su oro y su plata, ante sus grandes civilizaciones levantadas en medio de una flora y fauna tan exuberantes. Pero todo eso era la experiencia del europeo, sus sensaciones; faltaba oír, sin embargo, a la contraparte, atender a las angustias de los vencidos. En más de una forma, ambos sentimientos se van a filtrar en la cosmovisión mestiza de los hijos de ese encuentro, mestizos de sangre que debieron intentar la nada fácil tarea de conciliar dos mundos culturales muy diferentes. Opuestos más bien, en muchos sentidos, a pesar de que ambos fueran religiosos, místicos, sensibles a lo trascendente.

Recordemos la frase del colombiano William Ospina: «No es fácil ser hijo de dos razas que se odian».

Volvamos a Todorov, el búlgaro. Tal vez por nacer en una tierra que fue intensa en dramas, en choques entre orientales y occidentales, arrasada más de una vez, pudo contemplar mejor lo que fue el choque americano con sus luces y sombras.

Es muy interesante lo que dice en cuanto a que la Conquista, al «inventar» América, marcó el rumbo de la América Latina futura. El choque no se agotó en sí mismo, perduró en la sangre de los mestizos: medio españoles y medio indígenas, pero sin unidad. Todorov admira del español su capacidad de adaptación e improvisación para enfrentar una realidad que, en pocos años, muy pocos, se desplegó como por arte de magia. Unas pequeñas islas, las Antillas, escondían tras ella una inmensidad poblada por millones de seres de los que nada se sabía en Europa.

El libro de Todorov, *La conquista de América*, se ha reeditado sin cesar desde su aparición en 1982. Hacía falta una visión menos prejuiciosa a favor de unos u otros, ubicada a buena distancia de las leyendas —negras o rosas—, que han teñido ríos de tinta impresa.

Nos recuerda, por ejemplo, que Colón era sinceramente religioso. Que más de una vez habla de la reconquista de Jerusalén, y de que el oro del Nuevo Mundo —a sus ojos— pudo haber aparecido como cosa de Dios, justo a tiempo para financiar esa empresa. Y también que el navegante era, de igual manera, un amante de floras y faunas, que sintió un placer sincero e inmenso ante el despliegue de los atributos del Nuevo Mundo. Que la codicia, en él y en otros, no era todo. Incluso, sugiere Todorov, como admirador de Marco Polo, Colón parecía seguir sus pasos como relator —complacido por el interés del público— de todo lo maravilloso que encontró en sus viajes. Eso sí, comenta, descubrió América pero no descubrió a los americanos. Flora y fauna, pero no seres humanos portadores de otras culturas.

La realidad, como siempre tratándose de humanos, era más compleja. Más de un siglo y medio tardó el descubrimiento y la fusión de las culturas. Pero, por un tiempo breve.

7

LA HACIENDA MESTIZA

El siglo XVIII de América Latina está marcado por la expansión del proyecto jesuita. Esta fue una respuesta a las críticas por la violencia y malos tratos de los encomenderos a los indígenas, situación que —anticristiana, por cierto— inspira una profunda reflexión y revisión en torno a los derechos de las personas y de las naciones. Si fueron los dominicos los iniciadores, con Francisco de Vitoria en Salamanca —universidad que se replicó en América, al fundarse a su imagen y semejanza la Universidad de San Marcos de Lima el año 1551, para atender a la educación superior en Sudamérica—, desde fines del siglo XVI continuaron los jesuitas en la Universidad de Coímbra, especialmente Luis de Molina y Francisco Suárez.

En un periodo de paganización de las elites en Europa, a raíz del humanismo que evocaba a Grecia y Roma, que dejó al ser humano como principal protagonista de la historia, los jesuitas —con un énfasis en el desarrollo intelectual—, habían aparecido como una orden religiosa muy adecuada a los tiempos. Se prestigió tanto en Europa —renovando la educación—, como en América, donde fueron convocados por el emperador Carlos V, para enfrentar, justamente, los malos tratos de los encomenderos.

Su expansión refleja la sintonía que lograron con los signos de los tiempos y las inquietudes de su época. Su fundador, Ignacio de Loyola, logró crear la orden en 1540, con seis compañeros, y para cuando murió, en 1556, ya eran más de mil. Contaba con religiosos suficientes para pasar a América.

La propuesta jesuita más conocida es la de las misiones, o reducciones, áreas organizadas y administradas por la propia Compañía de Jesús que han sido criticadas por europeizantes; pero donde los indígenas encontraban seguridad y trato digno; tanto así que, luego de las primeras, indígenas, de otras zonas solicitaban la creación de nuevas misiones. Llegaron a administrar valles enteros, algunos del tamaño de una nación europea.

La influencia más relevante, sin embargo, se ejerció hacia la sociedad civil, como educadores de las elites y también como propietarios de tierras donde lograron generar una convivencia —el mundo de las haciendas— en las que se desarrolló el verdadero y más profundo mestizaje cultural entre indígenas y europeos, razón por la cual se considera que fue en ese entorno donde se formó la cultura latinoamericana. Fue un modo de vida que surgió en ellas pero que, como un modelo para los criollos, atrajo a otras muchas haciendas en manos de sus exalumnos, propietarios moldeados intelectualmente por los jesuitas.

Desde la Conquista, con las primeras órdenes religiosas, hubo haciendas productivas en torno a los conventos, para mantener sus actividades. Pero el énfasis cambió con los jesuitas; se transformaron en otra utopía, diferente a la de las misiones. Ofreció un modelo de desarrollo, una propuesta de futuro, una nueva forma de vida en torno al trabajo agrícola y ganadero, en paralelo a la educación y a la religión. Más de una hacienda se convirtió en una virtual escuela de artes y oficios, de manera que su influencia se propagó en todo el territorio americano, con relevancia desde Canadá en el norte hasta Chiloé en el sur de Chile.

En Argentina, fueron cerca de cincuenta las haciendas jesuitas. En el caso de Chile, de manera similar pero aún más influyente, la red de haciendas se transformó en el poder económico más importante de todo el sistema productivo del país, concentradas en el Valle Central, el de las mejores tierras. La principal sería la de Calera de Tango, comprada cuando tenía poca explotación más allá de la cal de las caleras, con la idea de generar ingresos para financiar el Colegio de San Miguel, fundado en 1593 y muy pronto importante centro educacional de las elites en la capital, Santiago, a solo unos pocos kilómetros. Con la llegada de treinta y ocho religiosos de la orden, traídos desde Baviera, en la Alemania católica, se transformó además en el principal centro artístico y artesanal de Chile, el primero en iniciar actividades industriales en el siglo XVIII: fundición, mueblería, hilandería, platería, fabricación de relojes y de campanas, de herramientas agrícolas y, además, vinificación y destilación de aguardientes a partir de sus viñas, cultivadas gracias a un innovador sistema de riego. Las construcciones, una extensa trama en torno a once patios, en adobe y maderas, entejada, tenían características monumentales. Fue una entre muchas de esa red de propiedades inmensas, proveedoras de los recursos para que los jesuitas fueran quienes «dirigie[sen] a los gobernantes y domina[sen] a los gobernados», en palabras del poco adicto a la Orden Diego Barros Arana.

Los amplios recursos les permitieron concentrarse en lo que más les importaba, la educación. Crearon luego cinco colegios importantes desde La Frontera al sur, más allá de los del poblado Chile central. Influyente fue el jesuita Luis de Valdivia (1560-1642). Autor de un *Arte y gramática general de la lengua que corre en todo el Reyno de Chile* (Lima, 1606) y promotor de un pacífico plan de «conquista espiritual de los araucanos», este solo funcionó hasta el siguiente cambio de autoridades, ya no simpatizantes de la Compañía de Jesús. Para 1696 contaba la Orden con cuarenta colegios, a cargo de las nuevas generaciones de chilenos. Con alcances no tan rotundos, pero en la misma dirección, se transformaron en un poder más que relevante en la América del siglo XVII y XVIII.

La expulsión de los jesuitas de España pudo tener sus razones, pero en América Latina produjo un hondo resentimiento. La Corona española perdió su prestigio en ese año crucial, 1767; la economía regional se quebrantó gravemente —tardó años en recobrarse—, y la educación y la cultura perdieron a sus principales protagonistas. Fueron trescientos sesenta los miembros de la Compañía que salieron de Chile, varios de ellos los más destacados intelectuales de la época que, exiliados en Italia, allá seguirían produciendo.

Uno de los más importantes fue Juan Ignacio Molina (1740-1829), de sólida formación filosófica y científica, capaz de escribir poemas en griego y latín en su juventud; que aprendió el francés y el mapudungún —lengua mapuche— en su colegio jesuita y luego el italiano, que tanto le serviría en su vejez. Su *Ensayo sobre la Historia Natural de Chile* (1782 y 1810, en italiano) puso al país en el mapa del planeta científico. También fue relevante su descripción de las costumbres de los indígenas araucanos, creyente en que todos los seres humanos son iguales y, asimismo, todas las culturas son por ello dignas de interés. Asunto no menor en una época donde en Europa, en el mundo científico, predominaban las obras sobre la supuesta inferioridad de América, tanto de su naturaleza como de sus habitantes.

Integrante de la Compañía desde los quince años, Molina pudo formarse en la órbita intelectual de los científicos europeos de su época, lo que refleja el nivel de la educación superior jesuita. Esta circunstancia le permitió integrarse sin problemas en la Universidad de Bolonia, desde donde enfrentó a quienes escribían sobre América sin conocerla.

Molina se transformará en tierras italianas, con

muchos jesuitas expulsados de España y otras partes de América, y será integrante de la notable Escuela Universalista Española, grupo de pensadores que conciliaron las ideas ilustradas con el humanismo clásico y el mensaje cristiano, lo que sería, luego de los aportes de la Escuela de Salamanca, el segundo gran momento de interés internacional de la intelectualidad hispana.

Gracias a la conjunción de jesuitas que habían estado en todos los continentes, de misioneros, fue natural que resultara de ello una visión global, consciente de la unidad del mundo y de la humanidad. Esta postura, moderna para la época, no se oponía —y más bien complementaba— a las novedades aportadas por el empirismo anglosajón; y lo perfeccionaba con la humanística cristiana. Se trataba de un camino diferente al abierto por el enciclopedismo de los franceses, o por el que luego inauguraría el romanticismo alemán, puesto que seguía dialogando con la tradición humanista cristiana de al menos dos siglos y medio atrás.

En el caso de Molina, a quien Darwin cita con frecuencia —y que tuvo acusaciones de herejía por incluir ideas evolucionistas—, resulta interesante ver cómo sus investigaciones geológicas sobre el terreno, y de flora y fauna en el sur de Chile, más el apoyo de las buenas bibliotecas jesuitas —quince mil volúmenes en el Colegio Máximo— y el nivel de sus maestros, lo fueron llevando a ver con esos nuevos ojos el mundo natural. No extraña que fuera un referente para Darwin.

Es célebre la anécdota de que un soldado le quitara todos sus escritos y apuntes en El Callao —ya en ruta hacia el exilio, cuando los jesuitas fueron expulsados de América—. Pocos años después, un joven chileno, José Ignacio García Huidobro, marqués de Casa Real, lo sorprendería en Bolonia entregándoselos: los había comprado en Valparaíso.

Sus reflexiones sobre los indicios que lo llevaron a descubrir que Chile había sido lecho de océano, o en torno a algunas nebulosas que podían ser aglomeraciones de estrellas, o sus descripciones de animales y plantas, todo estaba ahí. Miembro de número del Ateneo de Bolonia —el primer americano—, y miembro del Instituto Italiano, no le faltaron reconocimientos.

Por su libertad de pensamiento, también padeció críticas. Y es que su trabajo sobre «Las analogías poco observadas entre los tres reinos de la Naturaleza» (revisado por dieciocho teólogos), insinúa un parentesco entre plantas y animales, e incluso entre un reino y otro, abría espacio a lo que hará oficial Darwin con el evolucionismo: que las especies no fueron creadas por el Creador en el comienzo del tiempo, tal como las conocemos, sino que se fueron formando de manera gradual a partir de la materia inerte. Solo en 1820 se permitió su publicación. Antes de morir cedió sus bienes a la ciudad de Talca, en la tierra de sus orígenes, para formar con ellos una Buena Biblioteca Pública de textos científicos. Dicen que murió pidiendo «agua de la cordillera».

Esta «ilustración cristiana» es muestra notoria del

nivel de los jesuitas americanos, y de que su expulsión, en 1767, no favoreció el desarrollo y el progreso en el imperio español, como se argüía, sino causaba, y causó, una suspensión de uno y otro. En palabras de Januario Espinosa, «los seis grandes valores intelectuales que produjo Chile durante la Colonia fueron todos jesuitas: Molina, Ovalle, Lacunza, Olivares, Rosales y Gómez de Vidaurre» (*El Abate Molina*, Zigzag, 1945). En mayor o menor grado, lo mismo sucedió en el resto de América. Ese mestizaje cultural, en el pensamiento, en el arte, en las costumbres, en la gastronomía e incluso en los medicamentos, y que tuvo en sus haciendas un caldo de cultivo, se interrumpió.

Al ser expulsados, los jesuitas dejaron un vacío que vendría a llenar el ideario patriota, asociado este a Inglaterra y ajeno al mundo indígena e hispano. Casi de inmediato vino la noticia de una democracia en Estados Unidos, 1776, la que profundizará el deseo de alejarse de España y su monarquía. Esto se incrementa con la Revolución Francesa de 1789, lo que acentuará el europeísmo de las elites de la América Hispana. Nuevos vientos, nuevos horizontes, dejaron a esta América en ruta hacia algo desconocido.

El siglo XIX, entre patriotas anglófilos y liberales afrancesados, no volverá a mirar atrás. Habrá que esperar al siglo XX, tras el Centenario, a que las raíces indígenas y las hispanas comiencen a recibir una relectura. Un siglo y medio después de la expulsión de los jesuitas, cuyo aporte al mestizaje cultural recién comenzaría a ser considerado. Entretanto, esas raíces fueron descartadas por considerarse propias de un pasado que se quería dejar atrás; ya no ser indios, ya por no ser hispanos, fue el sueño del siglo XIX.

8

DEJAR ATRÁS LA BARBARIE

¿Qué hacía ese americano —Benjamín Vicuña Mackenna— en una ciudad italiana, haciéndose abrir una tumba para llevarse huesos de un sabio —el Abate Molina— como recuerdo y trofeo? Fue una más de sus aventuras a través de varios países, con miras a reforzar la historia local, lo que incluía piezas museográficas y «reliquias» de sus figuras mayores. Los jóvenes países americanos necesitaban un relato fundacional…

Dónde no estuvo Vicuña Mackenna, esa tromba humana que puso su enorme inteligencia y privilegiada energía a la tarea de —misión sagrada que se autoasignó— proyectar la América Latina hacia un futuro libertario y moderno, industrial y tecnológico, dejando atrás, muy atrás, los tiempos oscuros y retrógrados a los que la habría sometido la católica e inquisidora España, esa madrastra malhadada.

Recorrió países enteros —todo Estados Unidos en un tiempo sin trenes, a lomo de mula o en carromato—, y luego varios países de Europa, con tal de encontrar documentos que aportaran densidad a la joven América hispana. Necesitaba mitos y héroes que ennoblecieran su pasado, pero, fiel a la tendencia intelectual de la época, no los iba a buscar entre los indígenas, esos bárbaros, cuando sus ojos europeizantes apuntaban a acortar el camino hacia el progreso, «la civilización». Tampoco en España.

Escribió libros, docenas de ellos, para darle un sentido épico al pasado. Visitó ferias agrícolas inglesas observando qué máquinas podrían apurar la producción en los feraces suelos de América; París, para conocer sus transformaciones urbanas; pero es en Florencia donde vivirá su epifanía, junto a un bellísimo puente del río Arno: jamás se lograría de nuevo una belleza tal, resultado de siglos. Las ciudades sudamericanas, antes que intentar competir en esa lid imposible, antes que enfrentar la masa abrumadora de la Cordillera de los Andes que las hacía ver enanas a sus pies, debían avanzar en la dirección contraria. El secreto estaba en usar a favor la fuerza de la naturaleza: debían transformarse en ciudades miradores de las enhiestas cumbres. En América Latina, lo importante era el diálogo con la naturaleza.

Vivió en París, justo a tiempo para observar los cambios de la capital francesa bajo Napoleón III y el Barón Haussmann, en 1871. Momentos en que sus amigos liberales llegaban al poder, con Federico Errázuriz Echaurren como nuevo presidente de Chile. Nombrado Intendente de la capital del país, Vicuña Mackenna inicia su total «transformación», palabra mágica. Transformarse uno mismo, transformar las ciudades, transformar la historia, transformar el mundo.

El pueblo colonial, de blancos muros encalados y techos con rojas tejas, quedará atrás, símbolo del pasado pretérito. Su tarea inicial, otro signo de los tiempos, será la de hacer un aseo profundo de toda la ciudad; se extrajeron cerca de cinco mil carretadas de basura. Fuera el polvo, la suciedad, la barbarie.

A continuación, recorre la cordillera en mula hasta encontrar las aguas necesarias, para mantenerla limpia, dotarla de verdes parques donde se plantaron árboles europeos. Quiso hacer el mejor parque de América Latina —embelleciendo el hosco cerro de piedras y polvo que se alzaba en medio de la capital—, porque siempre se pensó americano. Su escala era continental. No quería superar los de otros países de la región, sino crear uno que fuera un orgullo sudamericano.

En otro momento, al ver que España se anexa la República Dominicana, y Cuba ve amenazados sus sueños de Independencia, viaja a Nueva York a pedir ayuda y funda una radio, *La voz de América*. Agradecidos los cubanos, su primera bandera —ahora del Congreso— es la misma de Chile con sus colores invertidos. Rubén Darío, el nicaragüense que moderniza la lengua y la literatura en español, emigrará buscándolo, convencido de que Vicuña Mackenna —a quien considera el hombre más inteligente de la América del Sur—, era quien conocía y encarnaba los sueños de la región.

Si el dilema era civilización o barbarie —usando la expresión de uno de sus amigos argentinos, Domingo Faustino Sarmiento—, él mismo era la fuerza modernizadora, industrializadora y tecnológica capaz de dejar atrás la barbarie.

Promoverá la inmigración de alemanes, suizos, italianos, para que, por una especie de osmosis los chilenos abandonaran el letargo colonial para conectarse al ritmo electrizante del futuro. Respaldó la ocupación de la Araucanía indígena por parte del ejército chileno, para que también ahí llegaran «los beneficios de su civilización».

En su juventud había descubierto la condición «latina» de la América que fue hispana y portuguesa. Tras cruzar Estados Unidos con ilusión —era la primera democracia del mundo—, se decepcionó al encontrarse con una notable civilización material, comercial y productiva, pero nada más. Luego, con entusiasmo al principio, irá a las Islas Británicas, pero ahí también encuentra una realidad que lo disgusta, un pueblo aplastado por la nobleza, atrapado entre clases y castas. Sentirá que cualquier campesino chileno, en su modestia, tenía más dignidad que esos vasallos sometidos hace siglos a sus duques, marqueses, condes y barones.

Es Francia, la racional e idealista, símbolo de progreso en el siglo XIX, la que lo seduce. También Italia, otra latina. Frente a los que iban tras una civilización material, América Latina avanzaba a tientas en una dirección diferente, casi opuesta: la tarea de crear una civilización «moral». No suma a España, a la que culpa —a diferencia de Inglaterra—, de no haber sabido aprovechar los recursos extraídos de América para desarrollarse industrialmente y ser moderna.

Pero es un amante de la historia y sabe que no puede prescindir de ella a la hora de crear un pasado latinoamericano. Es por eso que, en el barrio nuevo y muy francés que agrega al Santiago colonial, a su avenida más amplia le da el nombre de «España». Y en el mejor de sus parques, el del Cerro Santa Lucía, inaugura un Museo del Coloniaje. Poner en valor el Castillo Hidalgo en el mismo cerro —obra de gobernador español—, como si fuera un castillo medieval que hunde sus piedras en los siglos pretéritos, es otro de sus logros. España no será parte del futuro, aunque sí parte del pasado.

Vicuña Mackenna fue Intendente de Santiago entre 1872 y 1875, época decisiva. Había que tener valor para reivindicar lo español en ese momento. Poco antes, en 1861, España había recuperado la República Dominicana; al año siguiente, las tropas francesas ocuparon México. Luego vino «la Guerra contra España». Esta tuvo un incidente ridículo en su origen, una reyerta entre civiles, españoles y peruanos, y España exigió reparaciones.

Perú no aceptó y una flotilla hispana ocupó sus estratégicas Islas Chinchas. Chile, americanista, le declaró la guerra a España en 1865 y Perú en 1866, junto con Ecuador y Bolivia. Detrás había razones económicas pero también psicológicas; el trato «imperioso» de los hispanos, los orgullos heridos de unos y otros, encendieron la mecha. Chile se llevó la peor parte, por haberse inmiscuido en nombre de la región; España bombardeó su principal puerto, Valparaíso, que nunca recobraría su importancia en el Océano Pacífico. Dejó de ser «puerto principal».

Es por eso que lo de Vicuña Mackenna, al intentar poner en valor el pasado hispánico de la región, era un acto de audacia en ese momento. Hasta la Iglesia Católica había perdido seguidores en la América Hispana cuando el papa Pío VII, en la encíclica *Etsi longissimo* de 1816, instó a los obispos americanos a recomendar fidelidad y obediencia al rey Fernando VII; justo cuando las repúblicas americanas recién estaban asomándose, ebrias y alegres, a la libertad.

Si América Latina había «llegado tarde al banquete de la civilización», como escribiera el mexicano Alfonso Reyes años después, Vicuña Mackenna haría todo lo humanamente posible para integrarse lo antes posible. Incluso, ya que era necesario, dialogar con España y con la Iglesia Católica. Eso sí, no había espacio para el indígena en el nuevo escenario.

La cultura de las élites americanas de la época aspiraba a dar un salto, veloz, para europeizarse a la francesa. En ese contexto, la población indígena era un peso, un lastre, que hacía más lento el proceso, tal como manifiesta Vicuña Mackenna en un discurso en el Congreso Nacional, en 1868: «El indio (no el de Ercilla sino el que ha venido a degollar a nuestros labradores del Malleco y mutilar con horrible infamia a nuestros nobles soldados) no es sino un bruto indomable, enemigo de la civilización porque solo adora los vicios en que vive sumergido, la ociosidad, la embriaguez, la mentira, la traición y todo ese conjunto de abominaciones que constituyen la vida salvaje».

España había tenido mejores relaciones con «el indio», había establecido y aceptado una frontera, y es por eso que la mayoría de los caciques de la Araucanía estuvieron con los realistas y no con los patriotas a la hora de la Independencia; no sabían si La Frontera sería respetada por estos últimos.

El mestizaje del siglo XVIII quedó interrumpido en el siglo XIX. Había que aclararse la piel y los ojos, vestirse a la europea para ser aceptado en «el banquete de la civilización». Solo así poseeríamos los secretos de la ciencia y la tecnología, secretos indispensables para superar el retraso, la pobreza y la ignorancia que castigaban la vida diaria de tantos millones de latinoamericanos. No había otro camino.

Hubo que esperar al siglo XX para que la realidad mestiza comenzara a reconocerse. Esto sucedió después de 1910, año de celebración del Centenario de la Independencia para la mayoría de las repúblicas americanas, en las que hasta el programa de las festividades, en algunos, estaba escrito en francés o en inglés.

Solo en el siglo XX se advertirá que la demanda de Vicuña Mackenna, de una «civilización moral» diferente a la material de Estados Unidos, tenía una base hispana y católica; que detrás estaba «la quimera del bien común» que preconizaban los jesuitas. Y que la sangre no miente, que somos y seremos mestizos a pesar de los maquillajes y disfraces.

Hasta la estética en Vicuña Mackenna, tan europeizante, seguía siendo barroca, saturada de elementos y plena de incidencias. Tal como lo dijo en relación al Parque del Santa Lucía, cuando advirtió que no dejaría espacio ni para un macetero más, entre los jardines, las estatuas de mármol, las rejas forjadas, las grutas. Los maceteros para las plantas, incluso, fueron importados de sus países referentes: Francia e Italia.

9

LA VANGUARDIA DEL CENTENARIO

Julio Bertrand Vidal, sudamericano que se formó en Europa —como tantos de las clases acomodadas hacia el 1900—, al regresar a Chile era un ejemplar perfecto de lo que esperaba una familia del Cono Sur americano —Argentina, Chile y Uruguay—. Estaba, incluso, al borde de la caricatura; alto y delgado, rubio de ojos claros, tocaba el piano y con gracia patinaba sobre hielo.

Un joven moderno, además, puesto que en París no había estudiado en la clásica École des Beaux Arts sino en la vanguardista École Spéciale d'Architecture, la del acero y el hormigón. Traía una cámara fotográfica profesional y con ella hizo las primeras tomas de mujeres desnudas en Chile, muy artísticas. Sus fotos de calles y museos y monumentos de Europa resultaban cercanas, diferentes, personales.

Su amistad con Pedro Prado —joven poeta y arquitecto, tal vez el pensador más brillante de su generación— surgió natural e inmediata. Este, como presidente de los estudiantes universitarios de Chile, lo sorprendió con algo que Bertrand no conocía. Los líderes jóvenes, de formación europeizante, en torno al año 1910 en que varias repúblicas celebraban los cien años de su Independencia, se habían reunido en Lima. Y varios, en especial los del Cono Sur, habían descubierto las ciudades precolombinas, sus culturas, sus mitos. Acostumbrados a los cánones clásicos de París y Londres, que marcaban el paisaje urbano de Buenos Aires, Santiago y Montevideo, lo antiguo les resultó fresco, los sedujo, fuera precolombino o colonial.

Prado deslumbró a Bertrand hablándole del continente americano anterior a la llegada de los europeos. También le presentó un amigo que estaba escribiendo una ópera dedicada a ese tiempo, y a otro pintor que, con trazos gruesos, algo toscos incluso, hacía aparecer la potencia telúrica de la geografía americana. Tomaban distancia del refinamiento europeo e iban en busca de un lenguaje afín a esta tierra.

Prado funda la *Revista Contemporánea*, una de las mejores de América Latina en esa época constitutiva; un espacio de apertura a una modernidad dialogante con la geografía propia. Jóvenes, la prensa no les prestó atención. Entonces anunció Prado que venía el poeta mayor de Afganistán, candidato al Premio Nobel; todo era una farsa. Con una sábana como turbante, disfrazaron a un vendedor de pollos del mercado y lo fotografiaron, como si fuera el poeta oriental que venía de lejos, y enviaron las imágenes a la prensa acompañadas de poemas, del propio Prado, antes rechazados y ahora sí fueron aplaudidos.

Eran talentosos, los amigos de Prado. Bertrand comenzó a frecuentarlos y, bajo el liderazgo del primero, fundaron el Grupo de los X. Cinco de ellos estarían después entre los pioneros distinguidos con el Premio Nacional de Arte. Cuando las universidades de Estados Unidos comenzaron a descubrir América —la indígena y latina—, invitaron a uno de este grupo, Alberto Ried, a cruzar su país de este a oeste, de Nueva York a San Francisco, para hablar de las nuevas rutas del arte en América del Sur. De su inmersión en lo propio.

Prado visitaba los mercados, las ferias, atento a los artesanos y sus oficios. Mientras las sociedades sudamericanas europeizantes construían balnearios inspirados en Biarritz y San Juan de Luz, este arquitecto artista ponía atención a los objetos de cuero, las piedras talladas, los tejidos, las maderas torneadas, las fibras vegetales trenzadas, pensando que en esos oficios manejados por siglos —tanto por indígenas como por inmigrantes españoles—, se escondía un conocimiento.

Poco después, en 1918, en la argentina ciudad de Córdoba, brotó el primer movimiento de rebeldía universitaria en demanda de una educación que no mirara hacia París y Londres, sino hacia la América propia. Prado, con su talento literario, escribe por entonces poemas breves y libres —fue el modernizador de la poesía chilena— con versos dedicados a esas ideas. Observaba que «los seres vivos crecen de adentro hacia afuera».

Había que mirar hacia adentro, conectarse con lo interior, dejar de mirar a Europa.

Soñaron los del Grupo de los X con levantar una torre en la costa, en la puntilla que penetra más adentro en el Océano Pacífico, porque ya era tiempo de darle la espalda al Atlántico. Era un nuevo horizonte y el propio Prado escribió una novela ambientada en Rapa Nui, la Isla de Pascua de las gigantescas esculturas de piedra. Escribió otra dedicada a la mítica Ciudad de los Césares, esa que tanto habían buscado los españoles sin hallarla, porque había que cerrar los ojos para dar con ella; también para encontrarla era necesario crecer hacia adentro y entrar por sus puertas con los ojos abiertos del espíritu, los que ven lo invisible. Prado, en la orilla del mar, le cantará al continente perdido, el que se habría hundido en el Océano Pacífico, donde yace: «la Lemuria dormida bajo el mar». Andaba en busca de mitos nuevos, propios.

Prado se había deslumbrado con la América precolombina, pero también con la arquitectura colonial hispana, al conocer una gran diversidad de obras nobles, serenas, de una sobriedad que admiró de inmediato. Incluso surgía por entonces el estilo neocolonial, a través de arquitectos jóvenes inspirados en las formas del pasado, como la Casa Fari a las afueras de Lima.

En Santiago de Chile, a pocos metros de la flamante Biblioteca Nacional —un grandioso palacio europeizante que estaba ya en terminaciones, iniciado para el Centenario—, Prado y sus amigos intervinieron una casona colonial por encargo de un amigo. Le agregaron una portada de piedra de resonancias precolombinas, además de rejas, columnas y otros elementos de inspiración libre. Una obra mestiza y moderna.

El propio poeta vivía en una casona colonial heredada de su familia, a las afueras de la ciudad, y amaba su talante: «Tienen las pocas construcciones españolas que quedan en la capital el valor de la leyenda y la emoción de los tiempos pasados, una amplitud serena, una gracia tranquila, un desarrollo libre y pintoresco y una nobleza sencilla que enamora. Se debe estudiar, pues, todo aquello». Es su llamado a los arquitectos jóvenes y a los estudiantes de la disciplina en esos años. También comenzó a estudiar los tallados en piedra de los templos aztecas e incas, intentado conocer sus símbolos, su significado, al constatar que eran los mismos de los telares.

Gabriela Mistral dirá de Prado que, «allá por el año 1914 era el plexo solar de nuestra vida literaria», según recordaría para el diario *El Debate*, de Madrid, en 1935. Pablo Neruda, en un discurso recogido en los *Anales de la Universidad de Chile*, de 1971, agrega que «fue cabeza de una extraordinaria generación», el que más se había acercado a su imagen del sabio en el país de entonces. Remató diciendo que «si alguien llevó un sacerdocio de un tipo de vida espiritual ese fue, sin duda, Pedro Prado».

Es muy hermosa la imagen del albatros, como símbolo en la poesía de Prado y de su rol en la época. Una noche oscura, tendido en la playa, atento solo al oleaje reventando en las rocas cercanas, de pronto oyó algo sobrecogedor, provocado por el paso de una gran bandada de enormes aves, albatros, que cruzaban sobre él imperturbables, pendientes de la lejanía: ¿Cómo tan rápido, en una noche cerrada, sin la sombra de una luz? Se guiaban y mantenían unidas por el graznido del ave que iba delante, la que rompía el aire con su pecho, la que se aventuraba en lo desconocido.

¿No hacía lo mismo el artista, como el propio Prado? ¿No son los artistas los que se elevan y vuelan rumbo a lo desconocido a riesgo de estrellarse o enloquecer ante lo incierto? Vivir avanzando recto hacia lo desconocido, afuera y también adentro, porque, según escribirá él mismo, «el arte es una forma de vivir adentrándose en uno mismo».

Alguien debe hacerlo, aunque sea un riesgo, porque, agrega sutil: «solo despierta el que ha soñado».

Una novela, *Alsino*, le dio fama continental. Era necesario crear un mito porque los pueblos necesitan fundarse en ellos: «Hay una patria territorial y una espiritual, la territorial los pueblos latinoamericanos la tienen lograda: fáltales la segunda».

Como en el mito de Ícaro, que inspira esa novela suya, hay ansias de volar en el protagonista, de elevarse sobre la realidad terrenal mediocre; pero, además, ofrece un relato de índole moral. Como un profeta bíblico, ante los prejuicios de su época, instalados por caballeros vestidos a la europea, ofrece un antihéroe, un niño pobre. No de la ciudad, indiferente, sino del campo que aún hunde sus raíces cálidas en el pasado, en la pureza de la tierra. Es un pequeño jorobado que se mira con desdén y algo de conmiseración.

¿No era, América Latina misma, una región de la periferia, perdedora, con vastas poblaciones habitantes de la miseria, lejos de los centros del poder, de la vida verdadera, una que había «llegado tarde al banquete de la civilización»? Pero, insinúa la novela, lo que ven los ojos es ilusorio, esa joroba lamentable es un par de alas que algún día se desplegarán.

Como representante diplomático de Chile ante Colombia, dejó de congregar a los talentos del Grupo de los X, pero pudo enriquecerse con una inmersión profunda en la diversidad de ese país estratégico que contiene las tres áreas culturales de la América Latina, la andina, la amazónica y la caribe.

En 1925, para las elecciones presidenciales se presentó el poeta Vicente Huidobro, con enorme apoyo de la Gran Convención de la Juventud. El Grupo de los X estaba cerca del candidato, e incluso escribieron un proyecto constitucional, pero no llegaron lejos. El país se agitaba ya en otra dirección, y muy pronto, en 1927, se inició la dictadura del general Carlos Ibáñez.

La aventura mayor, la invitación del Grupo de los X a oír «el llamado del mundo», como lo planteara Pedro Prado, no tuvo eco. Las aventuras políticas de los años Treinta —fascismo, comunismo, socialcristianismo, socialismo—, coparon la escena. Siguió la costumbre de ver a América Latina como «el continente del futuro» aunque, como escribiera el filósofo venezolano Enrique Mayz, el problema se transformó en otro, en una condición permanente de «no ser siempre todavía».

Lo de tener una cultura de raíces locales pero vuelos universales, postura que Prado bautizó con el nombre de «criollismo cósmico», quedó en suspenso.

10

NERUDA EN LAS ALTURAS DE MACHU PICCHU

Es notable el juego que realiza Pablo Neruda con su *Canto General*, obra cumbre en la América Latina de mediados del siglo XX. Comenzamos esta historia con la ausencia de América en la historia trina del mundo, el continente no poblado por los tres hijos de Noé, ni representado en Belén por los Tres Reyes Magos. Tampoco, por lo tanto, bendecido por la Santísima Trinidad. Eso era lo que parecía y eso, como viéramos, marcó nuestra historia.

En un esfuerzo monumental, Neruda dedicó dos partes de ese libro, «La lámpara en la tierra» y «Alturas de Machu Picchu», a inventar un Génesis americano, un nuevo relato bíblico en el que el hombre originario de América es un Adán que habita en el paraíso, en total pureza, hasta que llega el conquistador español a quebrantar la paz y la armonía.

En clave bíblica, América es Abel, el buen pastor, y Europa el Caín cazador que le da muerte. El primero es la voz de la tierra; el segundo, el que implanta el infierno de las ciudades. Lo curioso es que Neruda no se inspira en los libros sagrados del mundo precolombino, como el Popol Vuh o el Chilam Bayam, sino en el que trajeron los conquistadores, la Biblia. Absorbe la potencia del relato propio del Viejo Mundo, para juzgarlo y, como dice Gastón Soublette en un libro dedicado a la dimensión religiosa de este poeta comunista —*Pablo Neruda, profeta de América* (Ediciones Nueva Universidad, 1979)—, lo hace con enorme propiedad.

Su voz, como si en él reencarnara uno de los profetas furibundos del Antiguo Testamento, amenaza con las penas de infierno a quienes han corrompido al verdadero pueblo de Dios —el indígena—, trayendo la corrupción, la violencia, la codicia a una tierra hasta entonces virgen.

Es como si la pureza original del ser humano, roussoniana, hubiera subsistido aquí al margen de la historia; mientras la humanidad otra, la del Viejo Mundo, caía en un pecado tras otro. Como un ángel del Paraíso en algunos versos épicos, levantando una espada de fuego a las puertas del Edén, el poeta amenaza con el fuego eterno a quienes vinieron a traer el mal donde antes solo reinaba el bien.

La vida tenía sentido, era plena y gozosa, hasta el año 1492. Pero, no todo está perdido, sugiere. Hay que sumergirse en lo profundo de la tierra, o ascender hasta las alturas sagradas de Machu Picchu, donde todavía están las claves, los secretos que permitirán el retorno al Paraíso Perdido.

Como observa Soublette, el título del primer canto del poema inicial del *Canto General*, «Amor América (1400)», asocia simbólica e intencionadamente ambos términos: «Es el paraíso en todo su esplendor lo que el poeta describe en este cuadro de la América prehispánica, en cuanto es el amor, en su plena manifestación estética, erótica y ética, lo que constituye la esencia del orden paradisiaco».

La primera estrofa ya es una denuncia: «Antes de la peluca y la casaca / fueron los ríos, ríos arteriales: / fueron las cordilleras, en cuya onda raída / el cóndor o la nieve parecían inmóviles: / fue la humedad y la espesura, el trueno / sin nombre todavía, las pampas planetarias».

Son magníficas las imágenes que ofrece de la geografía americana, lo que acentúa aún más la crueldad de la comparación. A ese espléndido escenario natural llega todo lo artificioso, lo ridículo incluso, traído por la gente de «la peluca y la casaca».

Neruda sigue el plan de Dios, el bíblico. Casi va pisando sus huellas de lo que fue la Creación en el Génesis, hasta dar vida a Adán, lo que aquí se aplica al nativo americano: «El hombre tierra fue, vasija, párpado / del barro trémulo, forma de la arcilla».

Hay cierto descaro intelectual en Neruda, al describir lo que se presenta como el gran poema fundacional de América, su *Canto General*, que pretende darle vida a este continente que había quedado fuera de la historia, haciéndolo con la Biblia abierta al lado, en su escritorio.

Hay amor en estos versos, qué duda cabe, y también un esfuerzo ético y justiciero. Si se había escrito la historia en torno a los tres continentes —Asia, Europa y África— sin considerarnos, seamos ahora equitativos, inclusivos, y hagamos lugar y espacio para que el hombre y la mujer de América queden también incorporados a la familia humana.

Podemos aceptar que, con esa perspectiva, tuviera como referencia al libro más sagrado del Viejo Mundo, para completarlo; y que la historia de allá resonara en la de acá, hermanándolas, uniéndolas: ¿Pero, hacía falta transformar al conquistador en el polo opuesto, en el símbolo del mal que se enfrenta al bien?

Apenas aparecen las carabelas en el horizonte, la violencia es el signo que representa el tiempo nacido en 1492: «No se perdió la vida, hermanos pastorales. / Pero como una rosa salvaje / cayó una gota roja en la espesura. / Y se apagó una lámpara de tierra»…

Nuevamente, si el hombre de América es el pacífico pastor, el de Europa es el cazador, el introductor de la violencia, el que causó un baño de sangre. Citemos algunas líneas más, notables, de las que relata esa tragedia:

> Yo estoy aquí para contar la historia.
> Desde la paz del búfalo
> hasta las azotadas arenas
> de la tierra final, en las espumas
> acumuladas de la luz antártica,

y por las madrigueras despeñadas
de la sombría paz venezolana,
te busqué, padre mío,
joven guerrero de tiniebla y cobre,
oh tú, planta nupcial, cabellera indomable,
madre caimán, metálica paloma.

Yo, incásico del légamo,
toqué la piedra y dije:
¿Quién
me espera? Y apreté la mano
sobre un puñado de cristal vacío.
Pero anduve entre flores zapotecas
y dulce era la luz como un venado,
y era la sombra como un párpado verde.

Soublette lo rescata, aduciendo que esa inocencia perdida, la expulsión del Paraíso, la caída en la violencia, no serían solo el drama de América, sino la historia de la humanidad toda.

Roberto Onell, autor de un interesante prólogo de la segunda edición del libro de Soublette (Ediciones UC, 2023), coincide en ello: que el drama en referencia es el de toda la historia de la especie, porque «no hay verdadera humanidad sin la conversación permanente con el Otro inherente al Uno, sin el careo con el Absoluto, sin la apertura a la voz de los dioses, sin el intercambio con los susurros que pueblan la Naturaleza, ese "templo de vivientes pilares" que vería Baudelaire. No puede cercenarse el lazo con lo sagrado sin amputarse algo humano constitutivo».

El tema obliga a plantearse una duda: ¿El español vio en el indígena, alguna vez, a un ser humano pleno, que había alcanzado a crear un «lazo con lo sagrado»?

Hubo encomenderos, y también misioneros, que sintieron miedo, indignación ante los dioses aztecas o incas, y que los destruyeron con la satisfacción de estar poniendo fin a la obra de Satán, seguros de que venían a salvar al indígena del Mal con mayúsculas, lo que incluso les daba el derecho de apoderarse de esas tierras. Pero también, y de ello es testimonio el trabajo de algunos cronistas de Indias y de toda la Escuela de Salamanca, también hubo otros que aquí reconocieron a un Otro plenamente humano, habitante de una realidad cultural y espiritual respetable.

Neruda alcanza unos niveles de alta poesía por momentos, pero también, así como hubo dos clases de españoles en todo el *Canto General*, el poeta mismo se transforma en un ser violento, poseído por una ira que siente sagrada. Hay en sus poemas un fantástico inventario de floras y faunas americanas, se adivina un trabajo intenso para conocer las especies y llegar a dominar ese repertorio con soltura, de modo que fluya y aparezca en sus versos en los momentos perfectos. Maneja igualmente el texto bíblico en profundidad, poseído de un espíritu similar al de los encomenderos y misioneros. Si estos fueron ciegos a las espiritualidades indígenas, Neruda los castiga. Si los conquistadores españoles destruyeron aquí el paraíso, el poeta, como un arcángel vengativo, ahora expulsa a los conquistadores y los deja fuera del tiempo Nuevo, el que viene.

Soublette recuerda que Neruda, en otro libro, *Memorial de Isla Negra*, postula que su labor pertenece a la más alta de las categorías: «mi oficio / fue / la plenitud del alma». Pero, uno que sintoniza con los profetas iracundos del Antiguo Testamento, y no con el mensaje cristiano del Nuevo. Nos deja, a los mestizos de América, cargados de rabia.

El *Canto General* de Pablo Neruda es parte de una tendencia que surgió en la primera mitad del siglo XX, y que explotó en la segunda, con obras ya tan clásicas, como *Las venas abiertas de América Latina*, del uruguayo Eduardo Galeano, de 1971, repertorio tremendo de cada uno de los abusos cometidos por españoles en el Nuevo Mundo, en una suerte de juicio final, a lo Núremberg, para sancionar a esos monstruos ante la historia.

Pesada nos quedó la tarea, vivir con el rencor adentro. Recordemos de nuevo la frase del colombiano William Ospina: «Es difícil ser hijo de dos razas que se odian». Después de esa marea violenta, tuvimos que aprender a vivir de nuevo en la segunda mitad del siglo XX, a descubrir un nuevo sentido para nuestra maltrecha existencia.

11

LOS HERMANOS DE LAS ORQUÍDEAS

Eran jóvenes, estudiantes de economía y matemáticas, medio poetas también. Estaban en Buenos Aires y se reunían en el Café Victoria. Inquietos, iniciaban el año 1939 soñando con vivir en París, en un aire que imaginaban libre, propicio para vivir como artistas. Quemaron una noche todos sus escritos y —haciendo honor al nombre del café—, firmaron el Pacto de la Victoria.

Al comenzar septiembre, la primavera en el hemisferio sur, Hitler invadió Polonia y el anhelo comenzó a derrumbarse. A alguno se le ocurrió, entonces, descubrir América. Cambiarían Europa por Sudamérica, los bares de París por las tierras vírgenes, la ciudad por la selva. Decidieron internarse por el Río San Francisco, aguas arriba, en barcos de madera, en canoas, hasta llegar al corazón virgen del continente, en medio de la Amazonía.

Los conquistadores, decían, habitaron los bordes, la costa, ahí estaban sus ciudades y los muelles para embarcar las riquezas americanas. Pero había adentro un «mar interior» desconocido e ignoto, un lugar para su aventura vital.

Tres argentinos y tres brasileños, el grupo se denominó la Sagrada Hermandad de la Orquídea. Esta flor frágil, sin sustento propio, asciende en medio de la oscuridad interior de la selva, a través del follaje casi impenetrable, en un impulso vital que la lleva a trepar por los troncos de los árboles hasta llegar a la luz de lo alto, y allá conocer el sol. Como ellos que, cual nuevos griegos, aspiraban a alimentarse de lo divino. Tenían veintiún años.

Orbitaron por el interior de Sudamérica, navegando o en mula, por la Amazonía de Brasil, la de Venezuela, la de Colombia, de Ecuador, de Perú… En Lima fueron a ver una obra de teatro, *The Emperor Jones*, de Eugene O'Neill, cuyo protagonista es un afroamericano. Para uno del grupo, Abdías do Nascimento, esa obra cambió su vida. Ver que el actor principal era un blanco con la cara pintada, ennegrecida, le hizo tomar conciencia de la ausencia de los artistas negros. En la escena artística de Brasil, de América, del mundo entero.

Abdías ya era militante por entonces, pero ver la discriminación, los entornos de pobreza, de escasa atención de salud y poco acceso a la educación de los negros, le reveló una situación que no había imaginado, en todos esos países sudamericanos donde ellos habían sido numerosos. Tierras donde llegaron secuestrados, esclavizados, quedando muertos en tumbas anónimas, sumidos en el olvido.

Creador del teatro negro de Brasil —que se inaugura simbólicamente con la misma obra que viera en Lima años antes, *The emperor Jones*, pero ahora actuada por un negro—, Abdías también será protagonista de la puesta en valor de los aportes de los afrodescendientes a la música y a la escultura en Brasil. Diputado y luego senador, finalmente vocero de la negritud en toda América, en 1945 promueve una Convención Nacional del Negro donde demanda que el racismo sea declarado crimen de lesa humanidad.

Otro del grupo, compatriota, era el poeta Gerardo Mello Mourão, el que alcanzará a ser una voz principal de la poesía de Brasil. Ezra Pound llegará a decir que, «en toda mi obra, lo que intenté fue escribir la epopeya de América. Creo que no lo logré. El poeta de *O país dos Mourões* lo logró». Candidato al Premio Nobel de Literatura en 1979, se le conoce como el último poeta épico en lengua portuguesa.

El tercero de los brasileños, Napoleón López Filho, hará un viaje inverso: hacia su mundo interior. Tras seguir viajando por años y tener dos hijos, su poesía mística lo conduce a hacerse franciscano y a vivir una vida conventual. Para sus conocidos, un santo.

De los otros viajeros amazónicos, los argentinos, el más público será Godofredo Iommi. Tras enfermar de malaria cuando estaba en la Amazonía peruana —en Iquitos—, se vio obligado a volver. En Chile, donde el avión hizo escala, optó por quedarse unos días e ir a conocer al poeta americano que más le interesaba, Vicente Huidobro. Pero fue la esposa, la bella Ximena Amunátegui, la que le abrió la puerta. Y el joven veinteañero, ante esa mujer varios años mayor, decidió que en ella, contenido, estaba su destino. Partirán ambos a París, volverán a Chile luego de la muerte de Huidobro, y ahí conocerá Iommi a un gran arquitecto, Alberto Cruz Covarrubias, de ideas afines. Cuando este sea invitado en Santiago a hacer clases en la Universidad Católica de Valparaíso, serán ocho los que partan a fundar una nueva manera de pensar la arquitectura y de habitar América, Iommi entre ellos.

Actuar desde la palabra, porque, como Heidegger, creían que «el lenguaje es la casa del ser». En un acto por Hölderlin en Alemania, Iommi invitará a otros espíritus afines a sumarse. Vendrán cuatro, entre ellos Michel Deguy, poeta mayor en Francia, y un joven François Fèdier que, con los años, será el principal discípulo de Heidegger. También, como Hölderlin, iban en busca de otra manera de vivir y de habitar el mundo.

La idea, en la Universidad, era de invitar a los alumnos a una experiencia. A crear arquitectura, obras de arte, objetos diseñados que nacieran de experiencias. Del estar en el mundo, de caminarlo. No desde los libros y revistas, la mayoría europeos.

En 1965 inician una «travesía», la primera de lo que será un rito anual, iniciático para muchos. Desde Tierra del Fuego, en el sur del sur de Chile y a la vista del Territorio Antártico, avanzarán hacia el corazón de América del Sur; simbólicamente, la ciudad de Santa Cruz de la Sierra, en Bolivia. Fueron meses de actos poéticos, entre profesores y alumnos, algo que la prensa llamará «un viaje geo-poético» en el que buscarán, más allá de caminar la tierra, entrar en contacto con sus habitantes, los campesinos que la vivían, sus formas de desplazarse y estar en ella. Los modos mestizos ancestrales...

No alcanzaron a llegar esa vez. El ejército boliviano rastreaba territorios en busca del Che Guevara —lo capturaron y fusilaron en octubre de ese año—, pero volvieron en otra de sus travesías anuales. En Santa Cruz, se decía, coincidía el mar interior de la selva con el de las llanuras, y era cabeza de cuencas amazónicas y platenses, a la vista de los Andes y junto a la Amazonía. El centro de América del Sur, el buscado por los viajeros del Pacto de la Victoria, los de la Hermandad de la Orquídea.

Iommi, en el viaje, con aportes de colaboradores, intentando una obra colectiva y fundacional, dirige la creación de un libro que se llamará *Amereida*. Si Virgilio escribió la *Eneida* para glorificar al Imperio Romano, era necesario una Amereida para hacer lo propio en este lado del mundo.

Dos años después, el 15 de junio de 1967, inician una «toma» de la universidad; ocupan sus instalaciones demandando una educación afincada en la realidad de América Latina e inspirada en ideas de libertad creativa. Había que terminar con las clases magistrales donde se repetían visiones europeas desgastadas;

podían leer a Virgilio, a Dante, a Hölderlin, pero con miradas locales.

En su propia casa, donde nació el movimiento universitario —que al año siguiente, 1968, se expandió por casi todas las universidades—, Iommi presentó una suerte de manifiesto: «Una ola de cobardía recorre nuestra América»…

Había un espíritu afín que recorría todo Occidente, como sucedió con las frases similares de París en 1968, donde un estudiante escribió en un muro: «Debajo de los adoquines está la playa». Había que tocar la realidad, atreverse a vivir. Aquí, en Sudamérica, con el mapa invertido del artista uruguayo Joaquín Torres García, en el que el Polo Sur está en el punto más alto, y en cuyo manifiesto llamado *La Escuela del Sur* plantea, justamente, que «nuestro norte es el sur». Inspirado en motivos precolombinos geométricos, afines al arte abstracto contemporáneo, será un referente para esa generación.

Se hacía visible una América Latina menos homogénea que la de los discursos oficiales. Si el Viejo Mundo llegó trinitario al Nuevo Mundo, organizado en torno a un orden basado en el número tres, lo mismo sucedería y sucede en el Nuevo, con tres áreas culturales —andina, amazónica y caribe— y con tres bases étnicas: la blanca, la indígena y la negra.

En relación a esta última, aunque cueste creerlo, es muy tardía su incorporación a los imaginarios nacionales, como fue el caso de Brasil, con un pionero como Abdías do Nascimento, que recién se incorporó al Congreso Nacional en 1983. Y esto, a pesar de que varios países, del Caribe especialmente —como Cuba—, se han construido demográfica y culturalmente con gran parte de su población de origen africano. También son centrales en grandes países sudamericanos como Colombia, Venezuela y Ecuador, además de, por supuesto, Brasil. En una América Latina donde uno de cada cuatro latinoamericanos se declara afrodescendiente, 150 millones de personas, la minoría más amplia de todas es la más invisible. ¿Cómo entender la ausencia de la negritud en el relato de América Latina, cuando su población triplica a la indígena? Es todo un universo, abre otra línea de investigación, pero es preciso hacer visible su influencia, la construcción de esta parte del mundo a partir de tres, y no dos, líneas matrices.

No se hablaba de problemas étnicos por entonces; todavía se pensaba que el mestizaje iba a diluir todo en un caldo colectivo, pero esa negación se mantuvo casi todo el siglo XX con unas desigualdades que solo a fines de la centuria se hicieron visibles; aceptándose que lo étnico tiene que estar presente, ser visible, con sus diferencias. En un mestizaje que suma y agrega, pero que no hace desaparecer sus partes.

12

VIOLETA PARRA, MESTIZA

Tal vez por nacer en La Frontera, Violeta Parra se transformó en la mejor síntesis de dos mundos. Ese límite, ese borde, no fue casual. Los conquistadores se enamoraron de los bosques y lagos del sur de América, de esos árboles de troncos rectos y sólidos que parecían querer ser mástiles de veleros trasatlánticos para irse lejos, de esos ríos navegables de aguas esmeraldinas. En ese territorio, una tras otra, fundaron un rosario de ciudades.

Los indígenas de la Araucanía, los mapuches, superada la sorpresa inicial, reaccionaron y en pocos meses, hacia el 1600, acometieron la «Destrucción de las siete ciudades del sur». Los españoles debieron replegarse al norte del gran Bío Bío, el mayor de todos los ríos, el que fue La Frontera en los tres siglos siguientes, a todo lo largo de la Colonia. Lo seguía siendo en 1810, al inaugurarse la República de Chile, y hasta 1883. Pero había cruces, encuentros, momentos de paz, era una frontera viva en intercambios.

Por ahí creció y oyó cantar esa niña, Violeta Parra. Su nómada familia iba de un lado a otro, del valle del Maule a la Araucanía, sin prestar mucha atención. Ella, con un oído privilegiado, comenzó a grabar en su memoria toda canción que le interesara, del origen que fuera. Todo en ella se fue haciendo uno, más de tres mil canciones se fusionaron en su interior, algunas venidas de España, o de otros países americanos, y también de diversos pueblos originarios.

Amaba la palabra, amaba los sonidos, y lo que le atraía se iba volviendo parte de su identidad. Es por eso que cantará una línea que dice así: «Y el canto de todos, es mi propio canto».

Cuando se traslada a la capital del país, lo español era la novedad. Luego de un siglo anglófilo y afrancesado, y de un Centenario extranjerizante en 1910, los artistas e intelectuales habían recuperado las raíces propias —tanto lo indígena como lo español—, y los teatros y radios presentaban a artistas hispánicos. Mientras un poeta como Samuel Lillo publicaba sus *Canciones de Arauco*, una compañía llegada de España recorría las ciudades del sur, más allá de la antigua línea de La Frontera.

La Guerra Civil Española había terminado, pero su influencia seguía viva por los poetas de la Generación del 27, por los cantos republicanos, por los espectáculos que enviaba la España franquista. El fenómeno le interesó, por simpatía hacia los poetas —García Lorca, Alberti, Aleixandre...—, cuyos libros le presentara su hermano, el poeta Nicanor Parra, y también por el enorme interés que le despertó el oír coplas españolas o el *cante* flamenco.

En busca de trabajo, la joven provinciana se acercó a los bares y quintas de recreo y, en sintonía con el público de la época, comenzó a agregar lo español a su repertorio sureño. De igual manera, fue sumando boleros, rancheras y corridos mexicanos que, gracias al cine, eran muy populares en la época.

Fue entonces cuando cantaores flamencos, refugiados en Buenos Aires, comenzaron a cruzar la cordillera. Al mismo tiempo, y a veces en las mismas salas, llegaban grandes artistas coordinados por el gobierno de Franco, a cargo de una entidad oficial llamada Canciones y Bailes de España. Violeta, inspirada en discos, películas o presentaciones en vivo, gracias a su oído llegará a dominar la canción española de la época y, cada vez más, sus interpretaciones se difundirían en la Radio del Pacífico. En 1944, en un concurso de canto y baile organizado por refugiados españoles, ella fue la ganadora del primero, con un nombre de inspiración hispánica: Violeta de Mayo.

Juan Pablo González, musicólogo y biógrafo de la fase hispana de la artista (*El Mercurio*, 26 de mayo de 2024), aclara que eso no fue casual: «Como siempre, Violeta Parra se preparaba muy bien para lo que hacía, y con la asesoría de Jesús López, profesor español de bailes regionales, había aprendido a cantar y bailar zambras, farrucas, pasodobles y sevillanas. Hasta había aprendido a tocar castañuelas». Pronto quedó incorporada a la compañía de un valenciano, Doroteo

Martí, con la que hizo giras por todo Chile, como una representante más del folklore español y con acento castizo.

Hasta el día en que fue al Teatro Municipal, el principal de la capital chilena, a ver y oír a la gran Carmen Amaya. Ese día, conmovida, decidió que su camino era otro; tenía raíces españolas —y cuando se vuelva compositora recurrirá a ese patrimonio—; pero no era una española verdadera. Tenía que encontrar su propio camino…

En la década siguiente, a partir de 1953, se vuelve recopiladora del folklore chileno, tarea en que rescata cientos de canciones, todo un patrimonio que, en esos años, al vaciarse los campos por familias migrantes que iban en busca de una mejor vida a las ciudades, estaba desapareciendo. Lo hizo justo a tiempo. Ahí recuperó lo de su niñez en La Frontera, donde oía antiguos romances españoles, folklore chileno y de otros países americanos, y también música y canciones indígenas. De 1953 a 1957, cargando una pesada grabadora magnetofónica, recoge la tradición musical chilena de todas sus fuentes. A las rucas —viviendas indígenas—, iba y preguntaba. «¿Y qué dice la palabra?». La palabra era la sabiduría ancestral, las canciones rituales, los himnos de sanación, obra de siglos. Cuando toma forma de canto, «la palabra» conecta con la tierra, los ancestros, los dioses, y con el alma del que la oye.

A veces se interrumpía, al saber de la llegada de algún grupo andaluz de gira, que pasaría por Chillán,

Parral o Temuco, ciudades cercanas. Para allá iba. Paula Miranda, gran investigadora de la poesía hispanoamericana, publicó sus hallazgos en el libro *La poesía de Violeta Parra* (Editorial Cuarto Propio, 2014): «Ver en Sevilla, Granada y Cádiz la poesía y música del flamenco, especialmente del de Camarón de la Isla, me hicieron entender por qué Violeta se había identificado tan plenamente con ese *cante*, y por qué, al cabo de los años, deseó emanar la misma autenticidad y sufrimiento de los andaluces, pero claramente desde otro lugar y sentimientos».

Estaba camino de una nueva Violeta Parra. Ni intérprete españolizada ni folklorista tradicional, sino compositora y autora de una obra propia que la transformaría en referente en toda América.

Para Violeta Parra fueron una revelación esas artistas andaluzas que, aún cuando vivían dentro de la tradición flamenca, daban a conocer, además, sus propios amores y dolores. A toda voz, con intensidad, apasionadas. Como detalla Paula Miranda, la Violeta Parra compositora sabrá fusionar lo andaluz con lo local americano, como en la célebre canción *Gracias a la vida*, síntesis de una sirilla del sur de España con una música huilliche —de los indígenas de la zona de los lagos, al sur de la Araucanía—. España y Chile, así, fluyeron juntas en su música, con la que conquistó los públicos del mundo.

Ya era una mestiza en plenitud. Para expresarlo, deja libre su pelo. Uno no sabe, al oírla, dónde comienza la india en ella y dónde la europea, porque ya están plenamente fusionadas en algo original. Anduvo por los bosques del sur de América e igual se presentó en el Museo del Louvre —donde exigió hacer una presentación mestiza de sus obras visuales, con música y canto como en el campo, diferente. Ella llegó a ser La Frontera, pero no como choque de culturas, sino como un encuentro de ellas.

Cuando sintió que tenía la memoria completa, sus más de tres mil canciones memorizadas, se acercó a la Radio Chilena a buscar quien la ayudara a vaciarla, a registrar toda esa música, y quiso el azar, o la Providencia, que quien la recibió y acogió fue el mismo Gastón Soublette, que escribiera sobre Pablo de Neruda como «profeta de América».

Violeta comenzó cantándole un tema propio, «Casamiento de negros». Soublette, musicólogo, no sabía de los negros de Chile. Comenzó a descubrir que ella era portadora de otros Chile, de otras Américas. Ella era un mundo de canciones que había tardado siglos en reunirse, a lo humano y a lo divino, y que se habrían olvidado de no ser por ella. Con humildad —y ella no tenía genio fácil, la llamaría «Violenta Parra»—, Soublette comenzó a transcribir en pauta ese patrimonio.

Sus canciones serían interpretadas desde Joan Báez por el norte hasta Mercedes Sosa por el sur. Su profunda religiosidad popular, sus amores deseados o resentidos, su sensibilidad social a veces rabiosa ante la injusticia, sus epifanías en medio de los bosques y cordilleras de su tierra, todo comenzó a fluir de su interior y a recorrer las ciudades y campos de América. En su corazón grande y humano, lo español y lo indígena terminaron por unirse en una sola cosa, mestiza. Tan local, que se volvió universal.

El momento no fue el mejor para ella. Sus «Últimas Composiciones» —que en rankings ha aparecido como uno de los mejores álbumes en la historia de América Latina— fueron creadas luego de un intento de suicidio, que no fue el primero. La región se había polarizado al avanzar los años 60, la violencia se hizo presente, se entró en una espiral de revoluciones y dictaduras que duraría más de un cuarto de siglo.

Como una figura crística moderna, tuvo que sufrir calvarios, decepciones profundas, «la noche oscura del alma», antes de crear sus célebres y últimas composiciones. Tan cerca de la muerte, compuso esa que la hizo inmortal: «Gracias a la vida, que me ha dado tanto»…

La niña que creció en La Frontera, donde chocaban y se encontraban lo indígena con lo español, por la grandeza de su amor supo reconocer la belleza y la sabiduría en unos y otros, y al unir esos opuestos terminó siendo universal.

De tristeza murió en un nuevo intento de suicidio, esta vez completo. Ya no tenía lugar en un país que se hundía en la violencia, la revolucionaria y la estatal, un país que se había sumido en las tensiones polares entre ricos y pobres, hispanistas e indigenistas, criollos e indios, los unos contra los otros.

Pocos iban a verla a su carpa —que consiguió para vivir y presentarse—, tan fría en invierno, ubicada en la precordillera de Santiago y a los pies de las montañas andinas. Tuvo que inmolarse, que dar su vida, para que tras ese disparo, en el silencio que hizo callar a todos, pudiera oírse la plenitud sabia que latía en sus canciones, con un amor pleno a la humanidad.

Desde ese momento, como otra montaña, comenzó a elevarse y no ha dejado de crecer hasta verse, en su altura total, como la figura mayor de las artes de Chile y una de las mayores de América Latina. Cuando se puso fin tras los años de violencia, se pudo reconocer que había existido un camino diferente, de encuentros, que no se supo apreciar mientras vivía.

En una epifanía con la música indígena, al oír un rito de salud en una voz femenina de la Araucanía, sintió que la música podía ser un remedio para almas enfermas, un bálsamo para los atrapados en los odios y rencores. María Painen Cotaro se llamaba la mujer, autoridad espiritual, además, en el mundo indígena, a la que Violeta visitó durante un mes. Muy delgada y de un metro noventa de estatura, le permitió asomarse a otros mundos.

Violeta Parra fue una recopiladora de sabidurías ancestrales, populares, que habían crecido en los llanos, las montañas, las selvas, lejos de las urbes y las universidades. Unos saberes que se expresaban en canciones, en refranes, en mitos que corrían de voz en voz; vivían en la oralidad, en un millón de pequeños pueblos desde México hasta Chile, en la memoria de sabios y sabias ignorados e ignoradas en las grandes ciudades. Sabiduría surgida del oír la naturaleza, al vecino, el viento, el mundo. Un oír que abre la posibilidad de descubrirse, conocerse. Oírse, para comenzar a sanar las heridas infligidas por la historia en todos estos siglos.

Ese conocimiento superior —sabiduría, arte de vida—, se había vuelto invisible, mientras sus portadores, modestamente vestidos, con acento campesino en su hablar, iban desapareciendo sin discípulos. Tuvo que llegar ella para que ese arte de vida, en su poesía, en su canto, retornara a los paisajes de nuestras mentes.

Cristián Fernández Cox, «Premio América de Arquitectura 2011», tras el ciclo de dictaduras y luego del retorno de la democracia, seguiría buscando una «modernidad apropiada» para América Latina, una que creciera en diálogo con el mundo interior; en la misma ruta de Pedro Prado, cuando este escribiera que «los seres vivos crecen de adentro hacia fuera».

13

LA HERIDA ABIERTA

Recordemos a Cristóbal Colón en su tercer viaje, incapaz de aceptar que está ante un continente desconocido, y a los monjes debatiendo qué eran, o quiénes eran, los habitantes del Nuevo Mundo, porque si provenían de una etnia antes entonces desconocida, es que no eran descendientes de Adán y Eva. Podían no ser exactamente humanos, no ser de la misma familia, no pertenecer a la misma humanidad.

Esa extrañeza nunca desapareció por completo. El trato hacia ellos, de Hernán Cortés o de Francisco Pizarro, parece reflejar una distancia indiferente, asimilable al que se daba a los esclavos africanos que se vendían considerando estatura, dientes y músculos. Europa entera, por entonces, tenía esa cultura.

Lo que es más difícil de comprender es que haya prejuicios relacionados, más de cinco siglos después, en nuestra propia América Latina. Incapaces de crear sociedades inclusivas, el indígena sigue habitando periferias urbanas y tierras agrícolas de baja calidad:

¿con qué motivo nos pretendemos sus representantes, con derecho a reclamar a España por la violencia de la Conquista?

Aún no somos plenamente mestizos. Falta el deseo de empalmar orígenes e historias, entre todos los que aquí habitamos, sumergirnos en la historia de la Conquista para comprenderla a cabalidad, y también conocer las versiones indígenas de ella. Ya existen algunas, ahora último, escasamente divulgadas. De haberlo hecho, al comenzar las Repúblicas, ya seríamos un continente mestizo.

Estamos hablando de la mayor tragedia en la historia de la humanidad. Según un estudio reciente de la Universidad de Leeds, en conjunto con la University College of London, liderado por Alexander Koch —del año 2019—, murieron cerca de 56 millones de habitantes en el siglo siguiente a la llegada de Colón, personas organizadas que utilizaban cerca de una hectárea por persona en usos productivos agrícolas o forestales. Al morir tantos millones, quedando tantas hectáreas abandonadas, se multiplicó la vegetación silvestre —que recuperó espacios—, en un proceso de tan alta escala que cambió la temperatura de la Tierra y produjo una pequeña Edad de Hielo, una baja de cerca de 1,5 grados. De ser así, sería una catástrofe humana y ambiental de magnitudes sin parangón en la historia.

En gran medida fue producto del impacto biológico que produjeron las enfermedades de las que eran portadores los europeos, y que los indígenas desconocían: gripe, viruela, sarampión y peste bubónica; pero fue tal la velocidad de los contagios que, pocos años después de la conquista de México, llegaban los españoles a un nuevo territorio y ya no había habitante alguno. Habían muerto antes de su llegada, por contagios mortales.

¿Por qué son universidades inglesas las investigadoras, y no las nuestras? Todavía no sabemos nosotros qué porcentaje de los cincuenta y seis millones de muertos fallecieron por razones biológicas, ni cuánto se debió a las pésimas condiciones de trabajo, en especial en las minas, que resultaron mortales para muchos. Hubo además suicidios colectivos, como el célebre de los farellones cercanos a Bogotá, en los que se dejaron caer familias enteras, y están también los que no soportaron el fin de su mundo, la caída de sus dioses, la pérdida del sentido de su vida; los que, sencillamente, se dejaron morir. Por último, los que no quisieron traer más hijos al mundo, a un mundo que ya no era el suyo.

Luego, hay descensos de población, también por razones varias. Por ejemplo, que muchos indígenas fueron sometidos a formas de vida —como esas de la minería—, en las que la cohabitación con sus mujeres se volvió dificultosa, escasa, a veces nula. Además, tenemos que muchas indígenas jóvenes fueron capturadas y que, como en Paraguay, significó que hubo españoles dueños de un colectivo femenino a la antigua usanza árabe, lo que también afectó la natalidad indígena.

¿Cómo no iban a caer en una depresión sin fondo, una angustia sin límites, si asistieron a la muerte de cerca del 90 % de su población? ¿Cómo no caer en la melancolía y el abatimiento?

El abatimiento, visto desde cerca, parece haber sido la consecuencia más grave, un concepto que debiéramos analizar en profundidad, porque está en el núcleo mismo de nuestro origen, el abatimiento, «postración física o moral de una persona». También «encontrarse deprimido, humillado o hundido».

Han pasado cerca de dos siglos desde las Guerras de Independencia, tras las cuales se inauguraría un tiempo nuevo para criollos, mestizos, indígenas y negros —todos en libertad al abolirse la esclavitud— y eso no ha sucedido. Es curioso que todo apunte contra los conquistadores del siglo XVI, y no contra nosotros mismos, que hemos tenido dos centurias, la del XIX y el XX, para cambiar de rumbo. Y no lo hemos hecho. Podemos sentir rabia o indignación, como al leer ese catastro de abusos que es el libro *Las venas abiertas de América Latina*, del uruguayo Eduardo Galeano, pero eso no nos lleva a sumirnos y compartir su dolor: solo las razones de su resentimiento, su odio, sus deseos de venganza.

¿Pero, si tanto nos hiere y duele la violencia de la Conquista, en nombre de los indígenas que la padecieron, por qué no iniciamos de inmediato, apenas independientes, una historia nueva? ¿Qué es, exactamente, lo que nos hiere de la Conquista?

No la hemos revisitado, en rigor. Solo en libros indigenistas han aparecido esfuerzos conducentes a acercarse a la tragedia, a describirla en toda su crudeza, pero seguimos en deuda en cuanto a comprenderla en su contexto y características.

Podemos decir que fue una hecatombe, «mortandad de personas», pero eso no aclara nada. En la Antigua Grecia se refería a una tragedia que llevaba a hacer un gran sacrificio, de cien bueyes. Fue un acierto, en relación al genocidio de los judíos, encontrar una palabra que le diera un nombre propio, holocausto, «gran matanza de seres humanos». Hablar de «Conquista» es definir el proceso desde la mirada europea, es una visión lineal externa; desde allá se vino a conquistar, pero no dice qué sucedió a las víctimas de esa acción.

Catástrofe sería palabra más adecuada, como «suceso infausto que altera gravemente el orden de las cosas». Pero, nuevamente lo define desde un solo lado, el indígena, cuando los latinoamericanos venimos de un choque cultural de múltiples significados, algunos negativos, otros positivos. Fue una catástrofe y algo más. Para muchos indigenistas fue un genocidio, y es cierto que puntualmente hubo en ciertos lugares «un exterminio o eliminación sistemática de un grupo humano», pero no fue el modo de actuar primordial durante la Conquista, no fue su modo de actuar general.

Necesitamos sumergirnos en la Catástrofe para salir al otro lado, empatizar con el dolor, pero también para asumirlo e integrarlo en la narrativa actual, como germen de quiénes somos y de dónde venimos. La educación debiera ser el primer espacio de inmersión en el origen, para comenzar a superar este trauma que nos tiene distantes de las culturas indígenas y también de la hispanidad; a la deriva e incompletos, gente sin padre ni madre conocidos.

Sumergirnos en la Conquista es preguntarnos también por los modos de ser de la especie humana a lo largo de su historia, una que, como algunas de los simios, es agresiva y pendenciera a la hora de resolver conflictos; una que, ante lo desconocido, con algo de temor y desconcierto, en la duda ataca o —y de esto también hubo aquí— se interesa en conocer esa novedad. Es lo que en México se conoce como el malinchismo, esa atracción por lo extranjero que puede llevar, incluso, a traicionar a su propio pueblo para sumirse en otra cultura, en especial si esta es la más poderosa.

Cuesta entender el momento inicial de la República, pero en ella también encontramos, y muy temprano, esa atracción por lo extranjero. El ejemplo chileno es muy sugerente, pero desconcierta. Todo comenzó entre los patriotas americanos que se coordinaron en Europa para idear la Independencia desde una logia a la que le dieron el de nombre Lautaro, héroe indígena de la Araucanía. Bernardo O'Higgins, el Libertador local, llamado Padre de la Patria, se educó con indígenas, hablaba bien su lengua, sus líderes eran amigos antiguos que recibía naturalmente en el Palacio de Gobierno. A la hora de diseñarse una bandera, se preocupó que tuviera dos estrellas simbólicas, una del Viejo Mundo —la de cinco puntas—, y otra del Nuevo —de ocho puntas—. Seríamos una nación bicultural. Doña Javiera Carrera, suerte de Madre de la Patria, para los bailes iniciales promovió el uso de ponchos y otros atuendos indígenas.

En 1825, bajo la presidencia de Ramón Freire, se firma el Tratado de Tapihue, que incluye reconocimientos a la etnia indígena más numerosa en Chile, la mapuche de la Araucanía, incluso territoriales. Pero pocos años después comenzará la distancia, el alejamiento, la atracción por lo extranjero, las tendencias europeizantes, el querer ser blancos —primero ingleses de América del Sur; luego, afrancesados de América Latina—, hasta terminar —emulando a los españoles— con la Conquista de la Araucanía.

Desde entonces, y hasta hoy, hemos sido incapaces de diseñar otra América Latina, una común, que concierte a criollos, mestizos, mulatos, negros, indígenas. Ha habido momentos notables, pero de escasa duración; han persistido las distancias, la incapacidad de forjar democracias estables que sean respetables para todos, que despierten el deseo de defenderlas, incluso, con la vida; una forma de existencia admirable que le dé un sentido a nuestras vidas, como colectivos de personas diferentes que se unen detrás de un mismo proyecto.

A mediados del siglo XX, el arte y la cultura comienza a «descubrir América» superando los europeísmos. Es el caso del *Canto General* de Pablo Neruda que, considerando que los mitos fundacionales del Viejo Mundo nos dejaban fuera de la humanidad, con ese poema épico escribe una nueva historia, desde América como tierra del origen —Paraíso Terrenal—, donde el nuevo Adán es un indígena nacido aquí. Se trata de un notable logro, una magnífica obra de arte, pero, como decíamos antes, que solo nos carga de sentimientos oscuros, de rencor y rabia, muy razonables en principio, pero que nos hieren; no nos ayudan a vivir, nos empobrecen, nos llenan de rencor y a nadie benefician. Es necesaria una narrativa diferente para la Conquista y para la Colonia, porque la maniquea, la de ellos malos y nosotros buenos, nunca ha sido moral y racionalmente aceptable; se ve arrastrada por las emociones.

A España le vendría bien ser parte integral o parte coadyuvante de ese proceso, para resolver ella, también, su pasado. El silencio al respecto, indignado o culposo, no le ha hecho bien y nos ha alejado más. Ella también podría colaborar en la creación —congresos, seminarios, revistas— de una narrativa que sea equilibrada y equitativa. Europa entera, en este comienzo de siglo, ha comenzado un proceso necesario de descolonización, en sus museos y universidades, muy interesante si se aborda con un honesto deseo de entender el proceso, partiendo por la historia de las colonizaciones causantes de tantos genocidios, que pasan tanto por España e Inglaterra como por otras potencias europeas que llegaron a definirse a sí mismas según la cantidad o riqueza de sus colonias.

¿Fue genocidio, o fue solo etnicidio, lo que aquí sucedió? Se necesita comenzar a debatir nuestro origen, oyendo a todas las partes, porque aun hoy hay pueblos originarios perseguidos en América Latina; aún hoy existe negacionismo en España, actualizado por una extrema derecha que no está dispuesta a reflexionar al respecto. Lo cierto es que había ciertas formas de vida que fueron destruidas, y hubo otra que se implantó. Eso es un etnicidio y se debe analizar su magnitud, sus consecuencias, los dolores y pesares que dejó detrás de sí, por siglos de siglos y hasta hoy.

A nosotros nos haría bien ese diálogo intercontinental, que nos lleve a salir de los nacionalismos estrechos en los que nos encontramos en el presente de América Latina; uno que nos deje a todos al mismo lado del océano en un «nosotros» latinoamericano, resulte o no resulte después un «nosotros» hispanoamericano, o incluso iberoamericano.

España tiene una larga experiencia al respecto. Justamente, su gran diversidad la caracteriza en Europa. A ella llegaron visigodos y fenicios, cartagineses y romanos, árabes y africanos: una tierra de encuentros. Fue la religión la amalgama, lo que logró reunirlos bajo una misma bandera, y eso ha sido su sino, el sello de su destino. Con roces, con dificultades permanentes, pero ahí siguen conviviendo todos, con esas autonomías tan fieles a sí mismas.

Nuestra educación debiera ofrecer todas esas experiencias a nuestros hijos, desde entregarles elementos para comprender la Conquista, en la dinámica colonialista de toda Europa, hasta las consecuencias dolorosas del proceso para los colonizados. Así, lograr despertar en ellos el deseo de resolver ese trauma fundacional que nos tiene en vilo hasta el presente, con tantas heridas vivas a pesar del paso del tiempo.

Como plantea Mauricio García Villegas en su libro más notable, *El viejo malestar del Nuevo Mundo*, el problema que tenemos es fundamentalmente emocional, no intelectual. No hemos sabido acercarnos a «las emociones tristes» de los colonizados, que perdieron sus formas de vida; no hemos sabido aquilatar la profundidad de su «abatimiento», que los llevó a una postración moral y física ante nuestra indiferencia, hasta hoy mismo. Ellos vivieron el fin del mundo, y no hemos sabido escucharlos; hay que repetirlo, imaginarlo, el fin de un mundo y, como dice García Villegas, hay que encontrar «un mito laico común».

Sicológica y culturalmente, fuimos tomando ubicación en Europa, atentos a sus pulsiones más que a las locales. Fuimos patriotas ilustrados, creyentes en la razón y el progreso, y también nos tocó el romanticismo; luego fuimos liberales positivistas y en nuestras universidades compartimos las mismas lecturas de París o Londres, ensoñando mundos mejores, sus utopías, sin poner atención, oído, a que aquí mismo a nuestro lado se estaban viviendo y padeciendo las resacas del colonialismo, del español y del latinoamericano.

Es casi natural que, ante la vigencia de las heridas abiertas, siga habiendo grupos iracundos de jóvenes indígenas que, herederos del rencor, encuentren una razón de ser, una épica heroica, en acciones violentas, atentados y sabotajes.

En una entrevista al poeta Elicura Chihuailaf, el único indígena que ha obtenido el Premio Nacional de Literatura de Chile —el año 2020—, una vez terminada la conversación y apagada la grabadora, él me lanzó una pregunta, a su vez, mirándome: «¿Y cuándo vamos a hablar de amor?».

Espero que este libro, en algún sentido, sea una respuesta.

BIBLIOGRAFÍA

CARPENTIER, Alejo, *Visión de América*, Buenos Aires, Editorial Losada, 1999.

CIORAN, Emil M., *Historia y utopía,* Barcelona, Editorial Tusquets, 2003.

ESPINOZA, Januario, *El abate Molina*, Santiago de Chile, Editorial ZigZag, 1945.

FÉDIER, François, *Pensar desde el arte*, Santiago de Chile, Editorial Universitaria, 2022.

FERNÁNDEZ HERRERA, Beatriz, *La utopía de América: Teoría. Leyes. Experimentos*, Barcelona, Editorial Anthropos, 1992.

GARCÍA VILLEGAS, Mauricio, *El viejo malestar del Nuevo Mundo*, Barcelona, Editorial Ariel, 2023.

LEZAMA LIMA, José, *La expresión americana*, México, Fondo de Cultura Económica, 2006.

MANN, Charles, *1491. Una nueva historia de las Américas antes de Colón*, Madrid, Taurus, 2006.

MIRANDA, Paula, *La poesía de Violeta Parra*, Santiago de Chile, Editorial Cuarto Propio, 2013.

O'GORMAN, Edmundo, *La invención de América*, México, Fondo de Cultura Económica, 1986.

PEASE, Franklin, *Los Incas*, Lima, Fondo Editorial PUCP, 1989.

SOUBLETTE, Gastón, *Pablo Neruda, profeta de América*, Santiago de Chile, Ediciones UC, 2023.

SUBRAHMANYAM, Sanjay, *¿Deberíamos universalizar nuestra historia?*, Santiago de Chile, Fondo de Cultura Económica, 2024.

TODOROV, Tzvetan, *La conquista de América: la cuestión del otro*, México, Editorial Siglo XXI, 1987.

VICUÑA, Manuel, *Un juez en los infiernos, Benjamín Vicuña Mackenna*, Santiago de Chile, Ediciones Universidad Diego Portales, 2009.

La primera edición de este libro se terminó
de imprimir en Madrid
en el mes de septiembre de 2025